立正顾问机构®
Stand Consulting

U0818167

7S管理规范手册系列

7S 燃机发电企业管理规范手册

深圳市立正管理咨询有限公司　编著

中国电力出版社
CHINA ELECTRIC POWER PRESS

内 容 提 要

7S 管理是一套科学、完整、进步的管理理念，是企业夯实管理基础、提升管理水平的重要抓手。

本书为《燃机发电企业 7S 管理规范手册》，按照通用性、可操作性的原则，详细介绍了燃机发电企业环境、管道、消防等 7S 管理通用规范，安全警示、工器具摆放、设备点检、看板管理等 7S 管理专项规范，发电机组、燃气轮机组、天然气调压站、制氢站等生产区域 7S 管理规范，办公区域 7S 管理规范，仓库区域 7S 管理规范，化验室 7S 管理规范，并整合汇总了燃机发电企业 7S 管理实施办法及 7S 管理评分标准。书中针对各项规范，分别阐述了其应用对象及规范要求，并配有大量示范图解和实际案例。

本书借鉴了燃机发电企业 7S 管理的优秀经验和做法，可作为燃机发电企业各级管理者及员工加强 7S 知识学习、执行 7S 标准、抓好现场 7S 管理工作的参考用书。

图书在版编目（CIP）数据

燃机发电企业 7S 管理规范手册 / 深圳市立正管理咨询有限公司编著. —北京：中国电力出版社，2022.6

（7S 管理规范手册系列）

ISBN 978-7-5198-5529-1

Ⅰ.①燃… Ⅱ.①深… Ⅲ.①内燃机发电–发电厂–工业企业管理–管理规范–中国–手册 Ⅳ.① F426.61-62

中国版本图书馆 CIP 数据核字（2021）第 062611 号

出版发行：中国电力出版社
地　　址：北京市东城区北京站西街 19 号（邮政编码 100005）
网　　址：http://www.cepp.sgcc.com.cn
责任编辑：刘汝青（010–63412382）　董艳荣
责任校对：黄　蓓　王海南
装帧设计：张俊霞
责任印制：吴　迪

印　　刷：北京瑞禾彩色印刷有限公司
版　　次：2022 年 6 月第一版
印　　次：2022 年 6 月北京第一次印刷
开　　本：710 毫米 ×1000 毫米　16 开本
印　　张：14.75
字　　数：206 千字
印　　数：0001—2000 册
定　　价：98.00 元

《燃机发电企业 7S 管理规范手册》

编委会

主　编

陈晓刚

副主编

张哨生

编　委

丁展鹏　余弟录　杨爱民　苏弟英　杨仁芳

韦彦华　雷晓刚　胡　英　王　林　欧俊杰

冯俊涛　阳翠玲　覃贵许　聂云楚

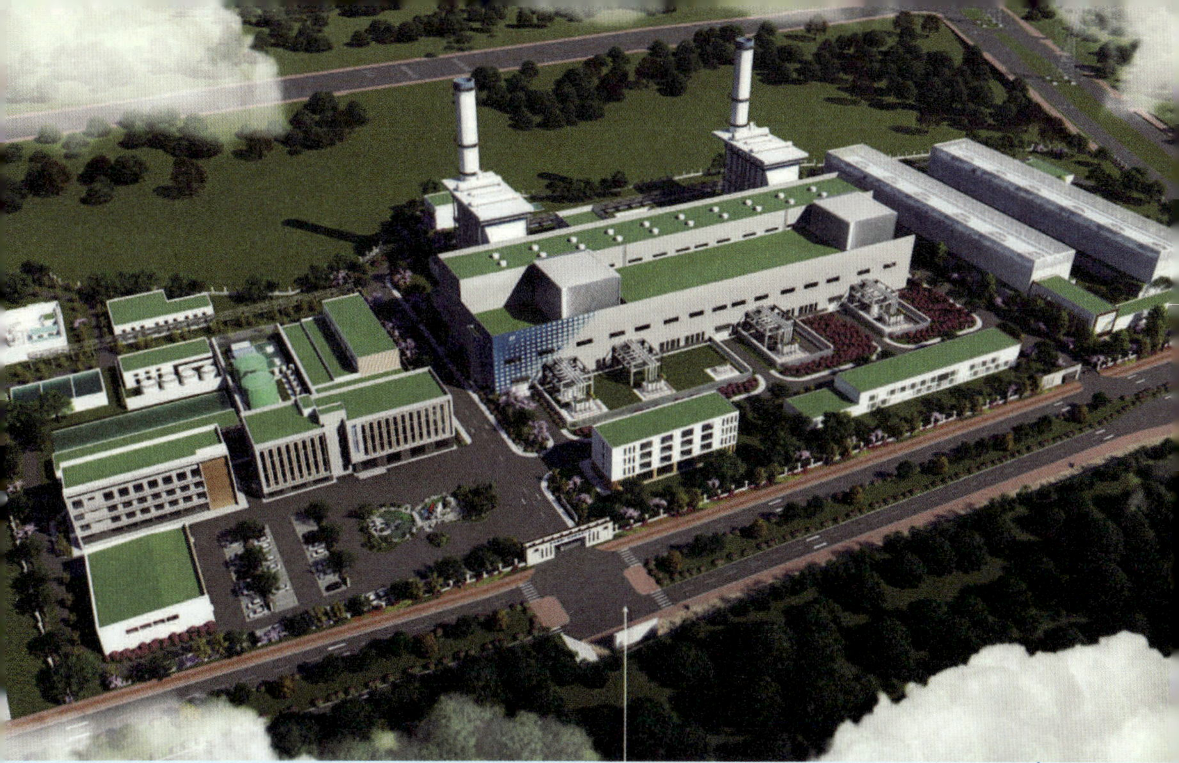

前言

随着电力体制改革的深入推进和市场化程度日益提高，发电企业面临的内外部环境发生了新的变化，对企业安全生产、成本控制和内部管理提出了更高的要求。7S 管理自引入电力行业以来，以其“科学、先进、投入少、见效快”的优势，迅速被发电企业接受和推广。在发电企业推行 7S 管理，是全面深化改革、持续推进管理创新的重要工作举措，是发电企业夯实管理基础、提升管理水平的重要抓手。

7S 管理是现场管理的基础，7S 管理水平的高低，代表现场管理水平的高低。通过“整理、整顿、清扫、清洁、素养、安全、节约”7S 管理，不断规范现场，提升现有管理水平，是目前绝大多数企业的首要任务。

本书是深圳市立正管理咨询有限公司结合国家标准及行业标准要求，并借鉴了燃机发电企业7S管理的优秀经验和做法编写而成的。按照通用性、可操作性的原则，本书详细介绍了燃机发电企业环境、管道、消防等7S管理通用规范，安全警示、工器具摆放、设备点检、看板管理等7S管理专项规范，发电机组、燃气轮机组、天然气调压站、制氢站等生产区域7S管理规范，办公区域7S管理规范，仓库区域7S管理规范，化验室7S管理规范，并整合汇总了燃机发电企业7S管理实施办法及7S管理评分标准。书中针对各项规范，分别阐述了其应用对象及规范要求，并配有大量示范图解和实际案例。其中规范要求的标准类型分为强制和建议两种，强制标准是国家标准和行业标准中有明确要求的，建议标准可根据企业的实际情况进行调整。

希望本书中好的做法能激发燃机发电企业员工的7S思维模式，在此基础上促进发挥员工的创造力，通过7S管理和持续改善，将7S管理理念融入企业经营的各个环节中，更好地保障企业安全生产、改善现场环境、提高工作效率、提升员工素养，并对助力企业强基固本、提升企业经济效益、树立企业良好形象起到推动作用。

限于作者水平，书中难免存在疏漏和不足之处，恳请各位读者谅解并提出宝贵的建议。

编　者

2022年3月

目录

CONTENTS

1

PART

7S 管理通用规范

1.1 7S 色彩规范

1.1.1 安全色

安全色定义为传递安全信息含义的颜色，包括红色、黄色、蓝色、绿色四种颜色。

颜色	图示	颜色表征
红色		传递禁止、停止、危险或提示消防设备、设施的信息
黄色		传递注意、警示的信息
蓝色		传递必须遵守规定的指令性信息
绿色		传递安全的提示性信息

1.1.2 对比色

对比色定义为使安全色更加醒目的反衬色，包括黑色、白色两种颜色。

颜色	图示	颜色表征
黑色		用于安全标志的文字、图形符号和警告标志的几何边框
白色		用于安全标志中红色、蓝色、绿色的背景色，也可用于安全标志的文字和图形符号

安全色与对比色同时使用时，应符合搭配使用要求。

安全色		对比色	
红色		白色	
黄色		黑色	
蓝色		白色	
绿色		白色	

为了视觉表达强烈，通常也采用安全色与对比色的相间条纹。相间条纹为等宽条纹，倾斜 45°，可以色带、色条等形式出现。

（1）	图示	
	类型	红色与白色相间条纹
	定义	表示禁止的安全标志
（2）	图示	
	类型	黄色与黑色相间条纹
	定义	表示危险位置的安全标记
（3）	图示	
	类型	蓝色与白色相间条纹
	定义	表示指令的安全标记，传递必须遵守规定的信息
（4）	图示	
	类型	绿色与白色相间条纹
	定义	表示安全环境的安全标记

1.1.3 7S 色彩应用

7S 管理活动中，一般会用到红色、黄色、绿色、白色这四种颜色。每种颜色在满足安全色的应用规范要求的前提下，在不同应用场景选择不同的色彩。

颜色	实例	应用场景
红色		应用于各种禁止标志、转动部位防护罩、交通禁令标志、消防设施标志、高温 / 高压区域画线、机械的停止、急停按钮标志、报废区域等
黄色		应用于各种警告标志、通道边线、防踏空画线、区域画线等
绿色		应用于各种提示标志、厂房的安全通道、机械启动按钮等
白色		应用于厂区道路画线

1.2 区域画线规范

1.2.1 画线应用

序号	名称	图例	线宽	应用
1	黄色实线		100mm	（1）主通道线边线。 （2）生产区域设备定置
			50mm	（1）区域划分线。 （2）实验室 / 仓库物品定置
			10mm	台面、货架物品定位
2	红色实线		50mm/100mm	报废区、危险区、高温区、禁止进入区域
3	斜黄黑相间颜色线		50mm~100mm 等间距 45° 斜度	警示区域，如地面凸起物、易碰撞处、设备机座的围堰、盖板的需要警示的区域
4	黄黑相间颜色线		50mm~100mm 等间距 90°	警示区域，如路肩石、转角处、工字钢 / 圆柱等需要警示的区域
5	白色线		150mm	车道线
			120mm	车位线

1.2.2 区域线

应用对象

适用于设备、柜类设备的安全区域线。

规范要求

标准类型：强制标准。

材　　料：黄色马路漆或地胶带（地面状况比较平整、光滑的情况下）。

规　　格：线宽 50mm。

要　　求：距离设备或柜类四周边缘 800mm。

示范图解

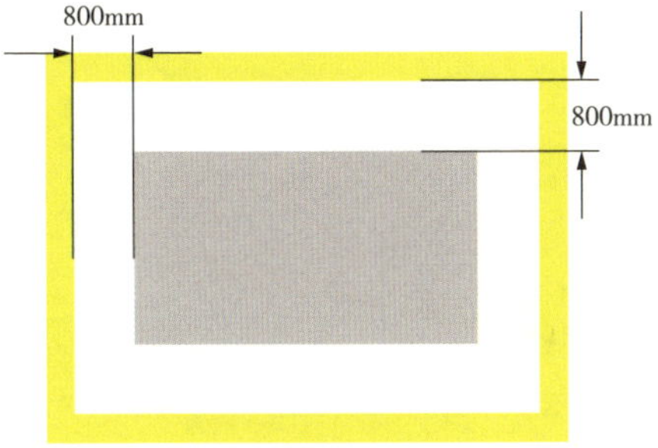

实际案例

1.2.3 通道线

应用对象

适用于生产现场、仓库、机修间等区域的通道边线。

规范要求

标准类型：强制标准。

材　　料：黄色油漆或地胶带（地面状况比较平整、光滑的情况下）。

规　　格：

（1）主通道：线宽为 100mm~80mm；次通道：线宽为 80mm~50mm。

（2）通道靠近墙侧时，距离墙面 120mm~200mm 为宜。

示范图解

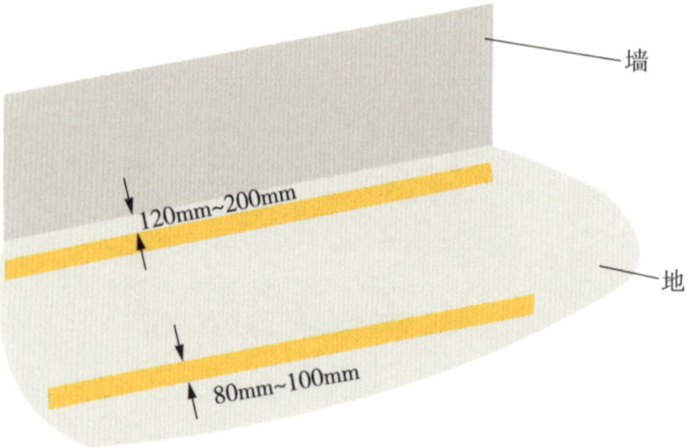

实际案例

1.2.4 地面通道颜色

应用对象

适用于生产现场内区分主要通道、参观通道、巡检通道。

规范要求

标准类型： 建议标准。

材　　料： 地坪漆。

规　　格：

（1）主通道：宽 1500mm~2000mm。

（2）参观通道：宽 1500mm~2000mm。

（3）巡检通道：宽 800mm~1200mm。

要　　求： 主通道一般为地面本色，参观通道一般为绿色，巡检通道一般为蓝色，可以根据实际情况定义，确保企业内部统一即可。

实际案例

1.3 定置定位规范

1.3.1 移动物品定置

应用对象

适用于推车、电焊车等带有轮子且经常移动的设备（不含消防设施）。

规范要求

标准类型：强制标准。

材　　料：黄色油漆或地胶带（地面状况比较平整、光滑的情况下）。

规　　格：线宽 50mm。

要　　求：

（1）采用实线框定位，物品出口的边线中间开口，标注箭头，用以明示移动式物品使用时出口处。

（2）箭头顶点与线框外延平齐，箭头前端为边长 100mm 等边三角形。

示范图解

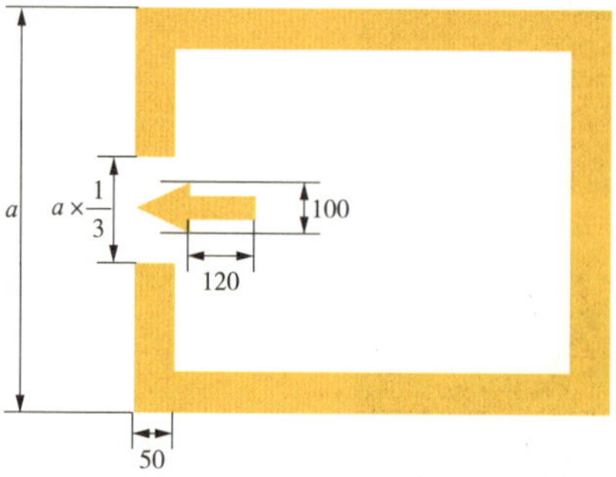

实际案例

1.3.2 非移动物品定置

应用对象

适用于不能移动或不经常移动的电器、设备、物品等（不含消防设施）。

规范要求

标准类型： 强制标准。

材　　料： 黄色油漆或地胶带。

规　　格： 线宽 50mm，直角边长 150mm。

要　　求：

（1）视实际情况可以采用实线框或四角定位线等形式对物品进行定位。

（2）设备或物品四周边缘距离定位线 50mm。

示范图解

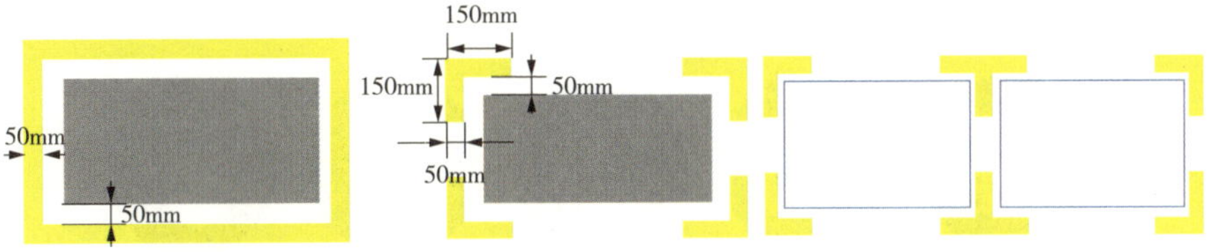

四周定位　　四角定位　　四角定位（并排）

实际案例

1.3.3 桌面隐形定位

应用对象

适用于桌面放置的笔筒、电话、水杯等小物品。

规范要求

标准类型：建议标准。

材　　料：耐磨防水 PVC、背胶。

规　　格：直径为 30mm 圆形定位贴。

要　　求：

（1）浅色桌面可用蓝色底白色图案或透明底黑色图案。

（2）深色桌面可用透明底白色图案。

（3）粘贴在需定位物品正下方。

示范图解

实际案例

1.3.4 桌面四角定位

应用对象

适用于桌面上打印机、裁纸机等大型物品定位。

规范要求

标准类型： 强制标准。

材　　料： 耐磨防水 PVC、背胶。

规　　格： 线宽 10mm，直角边长 30mm。

要　　求：

（1）可根据需求定义颜色，同区域内颜色统一即可。

（2）四角定位贴内边缘距离物品 30mm。

示范图解

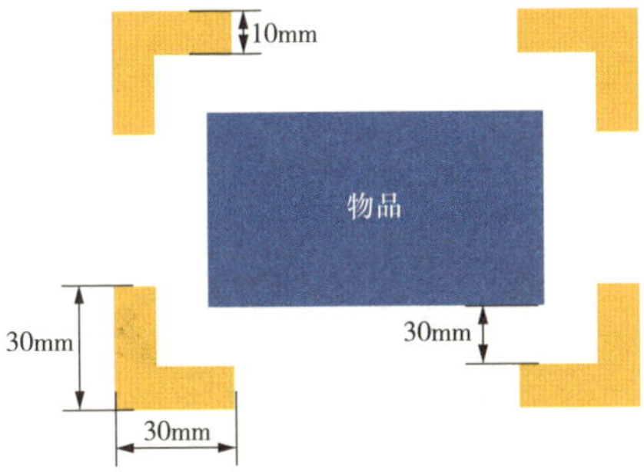

实际案例

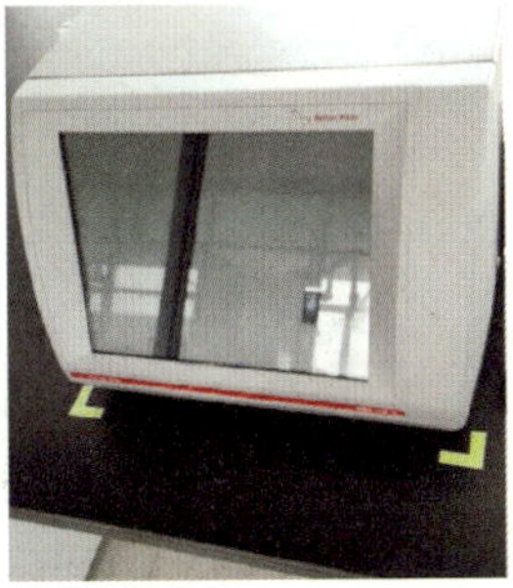

1.4 设备通用规范

1.4.1 设备机座

应用对象

适用于一切设备机座。

规范要求

标准类型：强制标准。

材　　料：黄色、黑色油漆。

规　　格：线宽为 100mm，线角度与地面成 45°。

要　　求：

（1）设备基座平整，无凹陷或凸起。

（2）同一区域内设备基础颜色统一，并与环境颜色相协调。

示范图解

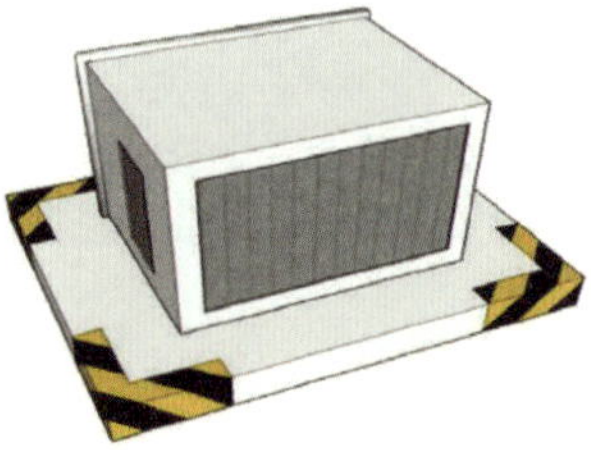

实际案例

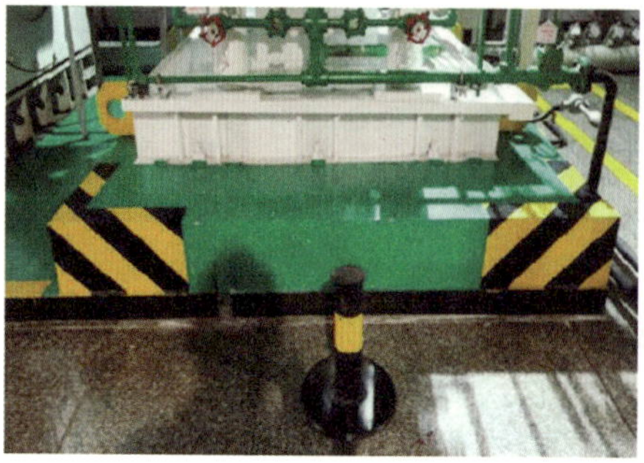

1.4.2 吊耳、安全带吊点

应用对象

适用于吊耳、安全带吊点。

规范要求

标准类型：强制标准。

材　　料：黄色油漆。

规　　格：吊耳、安全带吊点整体刷漆。

示范图解

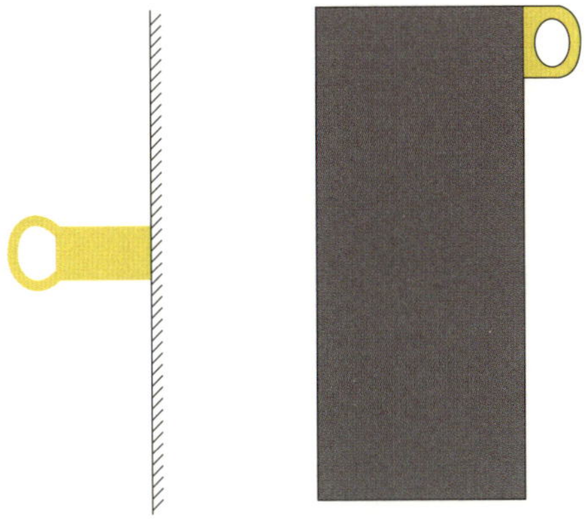

实际案例

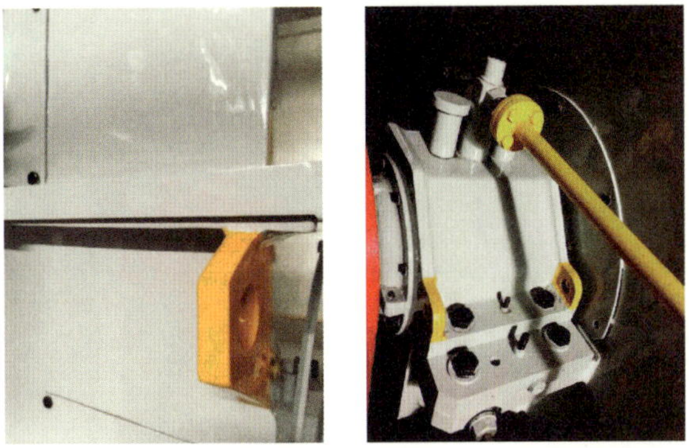

1.4.3 管道介质标示

应用对象

适用于管道颜色、介质名称和介质流向箭头的位置和形状。

规范要求

标准类型：强制标准。

材　　料：户外高清 PP 贴纸或铝板覆反光膜 UV。

规　　格：见示范图解参数表。

要　　求：

（1）介质名称用全称或化学符号标识，可标明相关压力等参数。

（2）介质流向箭头的尖角为 60° 的等边三角形。

（3）外径小于 90mm 的管道，在管道上直接标示介质名称及介质流向。

（4）在直管道的状态下，每隔 10m 进行标示，在管道的起点、终点、交叉口、转弯处、阀门和穿墙两侧等的管道上进行标示。

示范图解

（1）方法一：管道全长上标识。

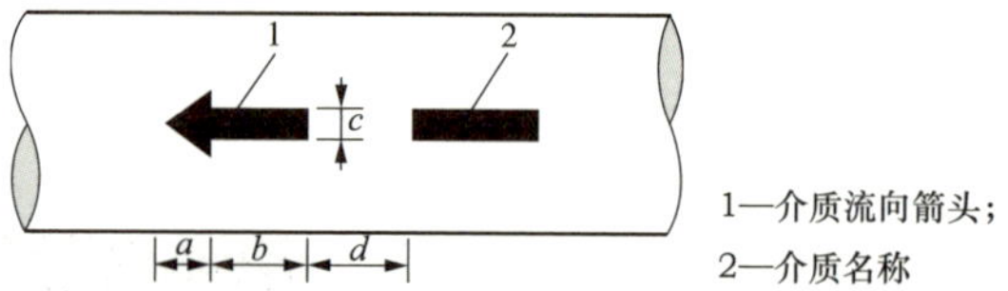

保温层外径或管道外径（mm）	*a*	*b*	*c*	*d*
≤ 100	40	60	30	100
101~200	60	90	45	100
201~300	80	120	60	150
301~500	100	150	75	150
＞500	120	180	90	200

（2）方法二：在管道上以宽为 150mm 的色环标识。（适合难以全管道标识的情况，如保温管道）

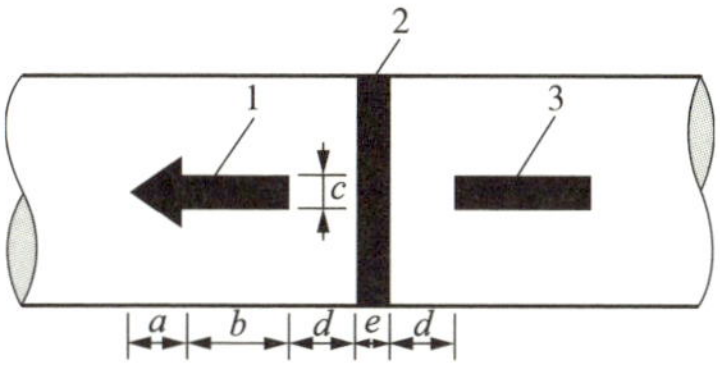

1—介质流向箭头；
2—色环；
3—介质名称

保温层外径或管道外径（mm）	*a*	*b*	*c*	*d*	*e*
≤ 100	40	60	30	100	60
101~200	60	90	45	100	80
201~300	80	120	60	150	100
301~500	100	150	75	150	120
＞500	120	180	90	200	150

（3）方法三：管道直接小于等于 90mm 管道难以识别介质名称的管道。

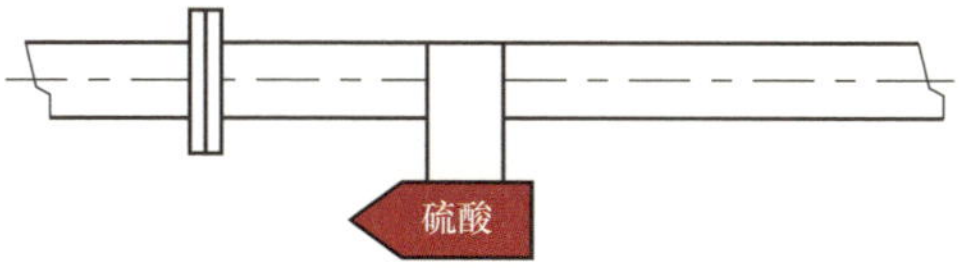

实际案例

1.4.4 管道吊架

应用对象

适用于管道吊架。

规范要求

标准类型： 强制标准。

材　　料： 油漆。

规　　格： 根据实际情况确定支架尺寸。

要　　求： 恒力弹簧支吊架上导向销为红色；支架为蓝色；行程标尺上限及下限处标记为红色注重点区域。

示范图解

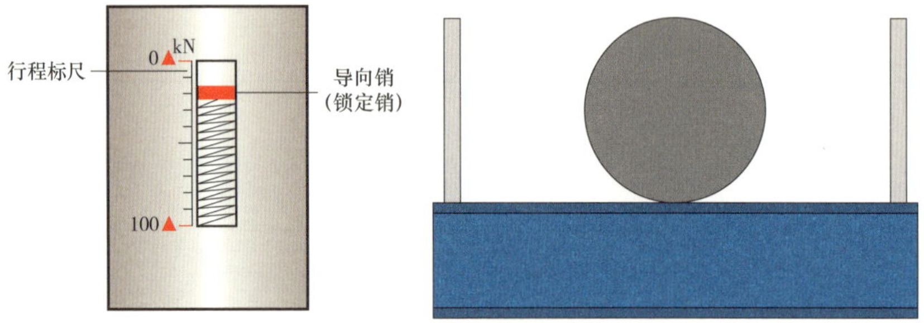

实际案例

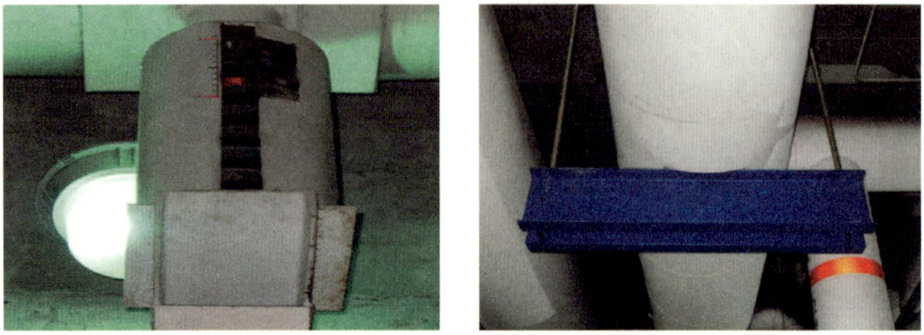

1.4.5 阀门手轮

应用对象

适用于全公司生产区域范围内各规格阀门。

规范要求

标准类型：强制标准。

材　　料：油漆。

要　　求：阀门手轮本体为红色，开关标识为白色字体；外观完整，部件完好无缺损、无污渍、无跑冒滴漏现象。

实际案例

1.4.6 阀门牌

应用对象

适用于全公司生产区域范围内各规格阀门。

规范要求

标准类型： 强制标准。

材　　料： 不锈钢腐蚀刻。

规　　格： 80mm × 70mm。

要　　求： 阀门牌本体为不锈钢原色，字体为红色；阀门外观完整，部件完好无缺损、无污渍、无跑冒滴漏现象。

示范图解

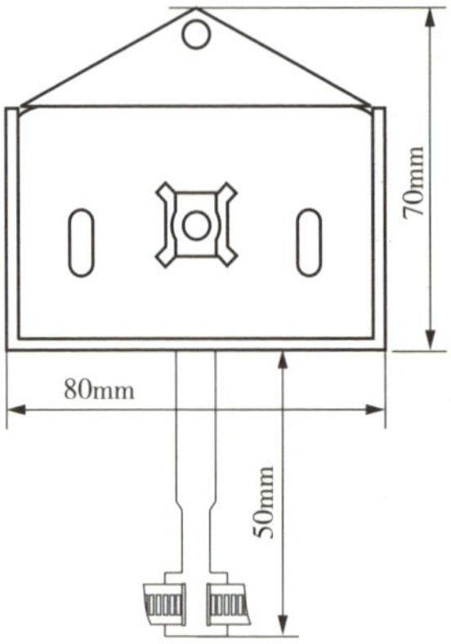

实际案例

1.4.7 关键紧固件

应用对象

适用于风机、电动机、泵等旋转振动体等需定期点检的螺母（地脚螺栓）、螺栓的旋转部位。

规范要求

标准类型： 建议标准。

材　　料： 红色油漆或油性笔。

规　　格： 线宽为 2mm~3mm，可根据实际情况调整。

要　　求： 若设备本体为红色时，选用白色油漆。

示范图解

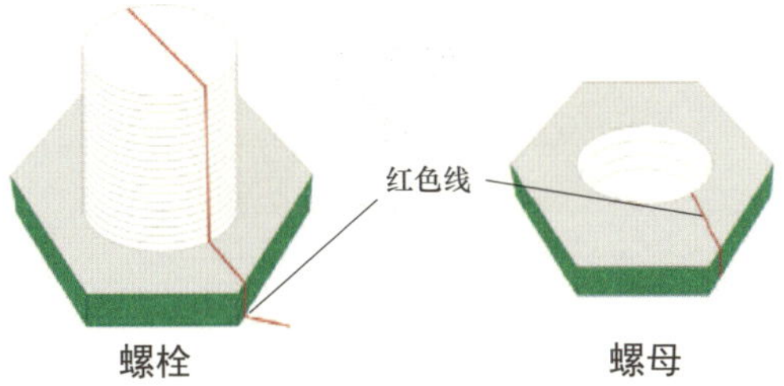

实际案例

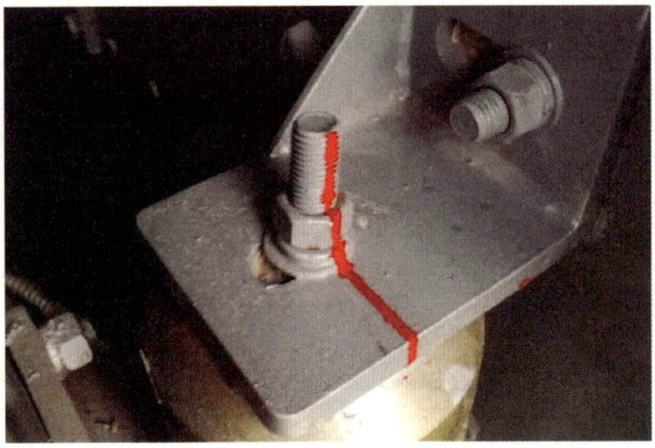

1.4.8 螺杆

应用对象

适用于具有碰撞隐患的螺杆。

规范要求

标准类型：建议标准。

材　　料：PVC 管、油漆。

规　　格：

（1）PVC 管长度为螺杆长度 +30mm，管径为螺杆外径 +5mm。

（2）黄黑警示为黄色段—黑色段—黄色段，根据 PVC 管长度均分每段距离。

示范图解

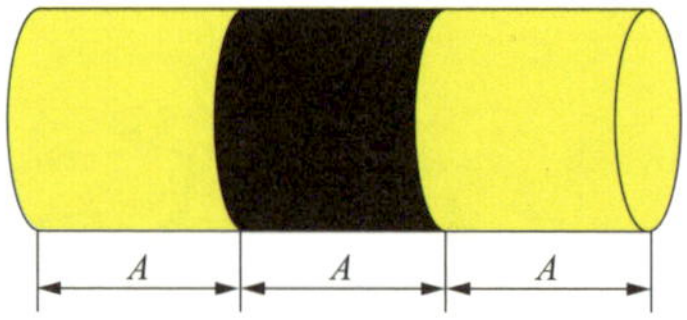

实际案例

1.4.9 指针式表计

应用对象

适用于电流表、电压表、压力表等指针式表计。

规范要求

标准类型： 建议标准。

材　　料： PVC 反光膜、背胶。

规　　格： 色环宽为 2mm~3mm，保证色环不遮挡刻度数值。

要　　求：

（1）绿色表示正常，黄色表示警告，红色表示故障。

（2）保持表计外观整洁，读数刻度清晰，无积灰、污渍。

（3）合格证张贴在调零处，不能遮挡量程或读数，且合格证在有效期内。

示范图解

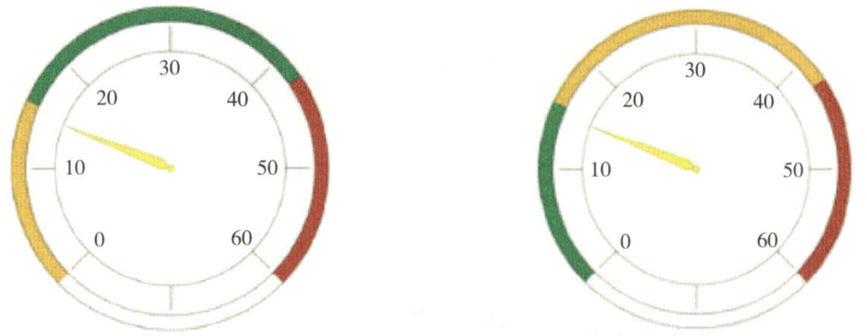

实际案例

1.4.10 刻度式表计

应用对象

适用于温度计、液位计等直线式限制位标识。

规范要求

标准类型： 建议标准。

材　　料： PVC 反光膜、背胶。

规　　格： 色带线宽为 40mm~60mm，可根据实际情况调整。

要　　求：

（1）绿色表示正常，黄色表示警告，红色表示故障。

（2）保持表计外观整洁，读数刻度清晰，无积灰、污渍。

（3）色带贴于表面清晰可见处，无遮挡物。

示范图解

实际案例

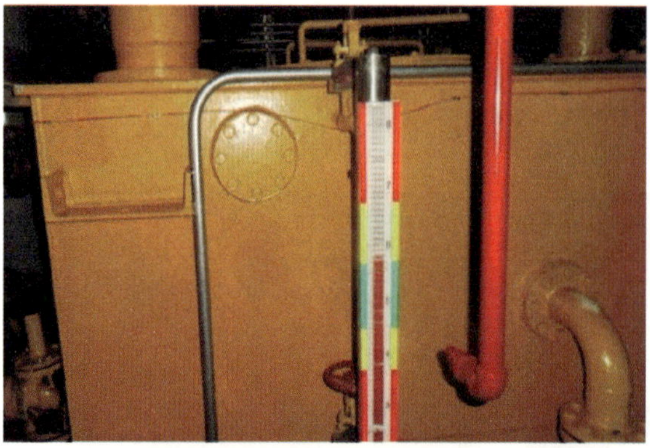

1.5 厂房设施通用规范

1.5.1 天花板

应用对象

适用于全公司生产厂房、办公楼、生活楼等天花板。

规范要求

标准类型：强制标准。

要　　求：

（1）天花板颜色和谐统一。

（2）天花板保持干净，无脏污，没有无关悬挂物。

（3）天花板无渗漏，无脱落、掉漆。

实际案例

1.5.2 地面

应用对象

适用于全公司所有地面。

规范要求

标准类型：强制标准。

要　　求：

（1）地面平整、无破损。

（2）地面干净，无垃圾，无污水，无随意摆放物品。

（3）地面有高度落差或凸起时，应设置黄色防止踏空线或黄黑相间防绊线，线宽为 50mm~100mm。

实际案例

1.5.3 墙面

应用对象

适用于全公司生产厂房、办公楼、生活楼等墙面。

规范要求

标准类型：强制标准。

要　　求：

（1）无蛛网、灰尘；无受潮、发霉、脱落、破损。

（2）地面干净，无垃圾，无污水，无随意摆放物品。

（3）墙面无渗水，无手印、脚印，无陈旧标语痕迹。

（4）墙面宣传挂画、标语、宣传看板等无破损脏污。

实际案例

1.5.4 窗户

应用对象

适用于全公司生产厂房、办公楼、生活楼等窗户。

规范要求

标准类型：强制标准。

要　　求：

（1）窗户机构完好，无损坏和锈蚀。

（2）窗户及纱窗无灰尘，无污渍，无破损。

（3）窗台禁止放无关杂物。

（4）窗帘无污渍，无破损，定期清洗。

实际案例

1.5.5 门

应用对象

适用于生产区域、办公区域、生活区域开关门。

规范要求

标准类型：建议标准。

材　　料：亚克力。

规　　格：100mm（长）× 120mm（宽），可根据实际情况调整。

要　　求：门把手上方 20mm~50mm，可根据实际情况调整，同一区域统一。

示范图解

实际案例

1.5.6 照明

应用对象

适用于全公司所有生产区域、办公区域、生活区域等照明设备。

规范要求

标准类型：强制标准。

要　　求：

（1）照明充足，无死角，照明灯具无损坏。

（2）照明设备无电气部件裸露，灯罩无积尘、飞虫。

实际案例

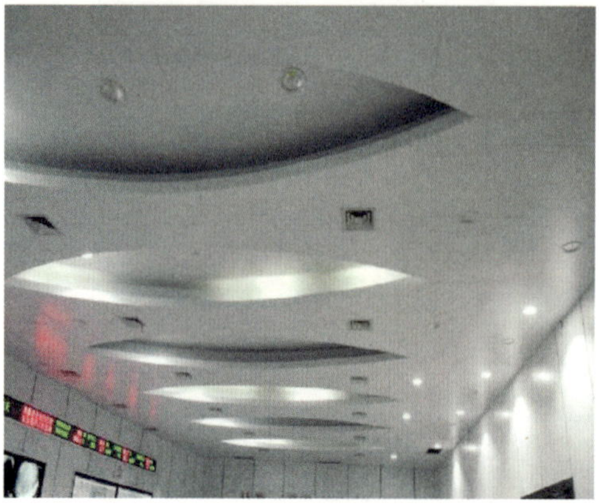

1.6 电器设施通用规范

1.6.1 照明开关

应用对象

适用于全公司生产区域、办公区域、生活区域的照明开关。

规范要求

标准类型：强制标准。

材　　料：透明底黑字色带。

规　　格：色带宽度为 12mm，可根据实际情况调整。

要　　求：

（1）明确各开关标识所控制的对象。

（2）非正常安装时，要注明开关方向、双开开关信息；多个开关不便描述时，可用示意图来标识。

示范图解

实际案例

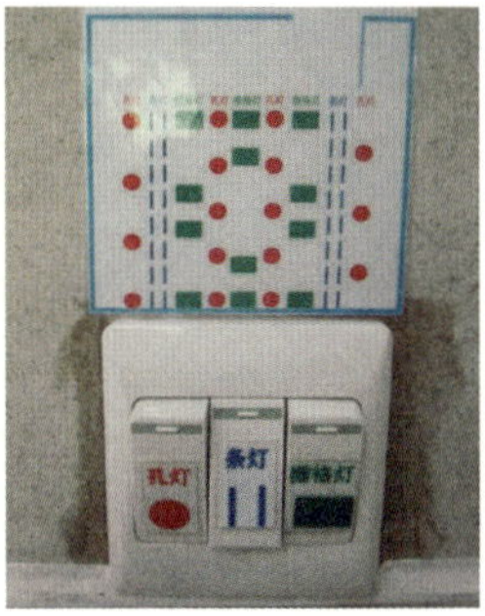

1.6.2 电源插座

应用对象

适用于全公司生产区域、办公区域、生活区域的电源插座。

规范要求

标准类型： 强制标准。

材　　料： 透明底黑字色带 / 透明底红字色带。

规　　格： 60mm（长）× 12mm（宽），可根据实际情况调整。

要　　求：

（1）内容包含额定电压、额定电流、上级开关编号。

（2）220V/10A 用透明底黑字，380V/20A 用透明底红字。

（3）位置粘贴在插座正上方，标签下边缘紧贴开关、插座边缘。

示范图解

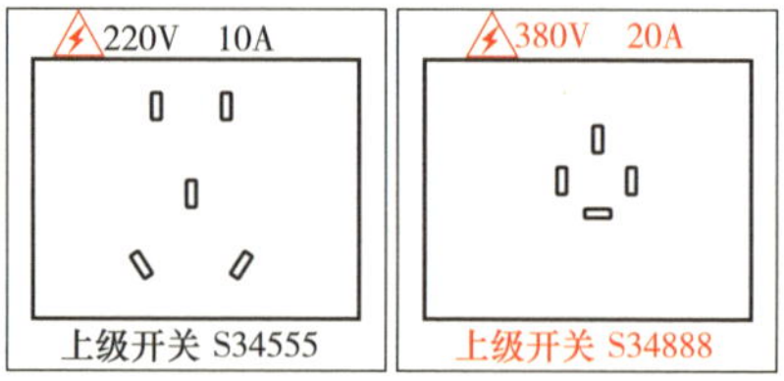

实际案例

1.6.3 电源控制箱标识

应用对象

适用于全公司所有区域的电源控制箱。

规范要求

标准类型：强制标准。

材　　料：黄色底黑字色带、标签打印机。

规　　格：60mm（长）×12mm（宽），可根据实际情况调整。

要　　求：

（1）控制箱盖完好无损，无不必要张贴物。

（2）空气开关下粘贴空气开关名称标签，名称与控制区域对应；电源控制箱柜内空气开关等元器件标识清楚、醒目，显示区、操作区分区明确。

（3）控制箱有明确的标识标牌、标明控制区域名称编号等，字迹工整醒目。

实际案例

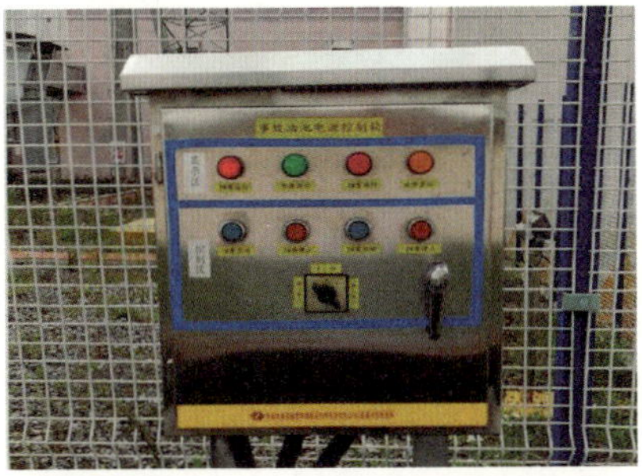

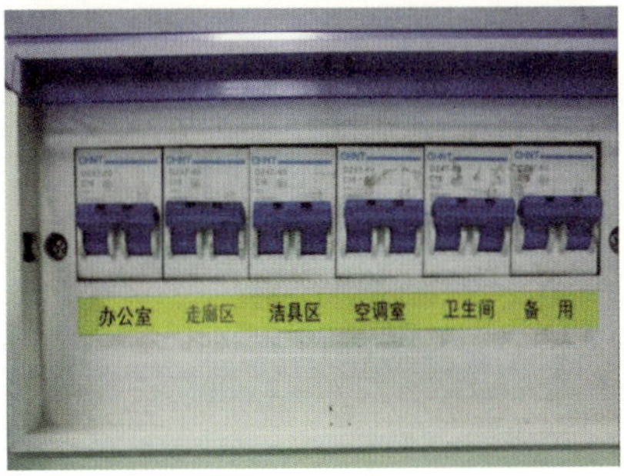

1.6.4 电源控制箱基础

应用对象

适用于生产区域的电源控制箱基础。

规范要求

标准类型： 建议标准。

材　　料： 橘红色油漆。

规　　格： 整体着色。

示范图解

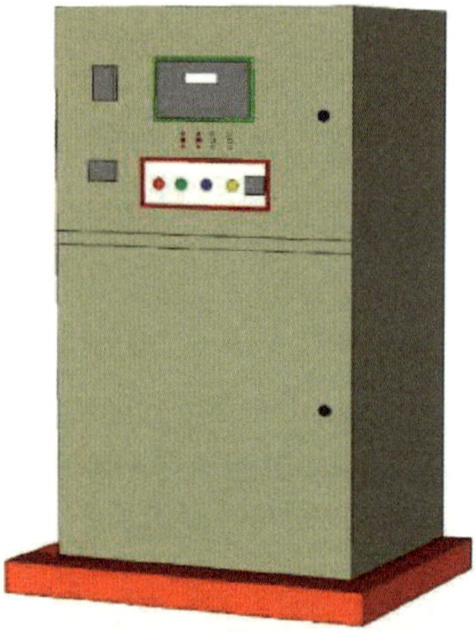

实际案例

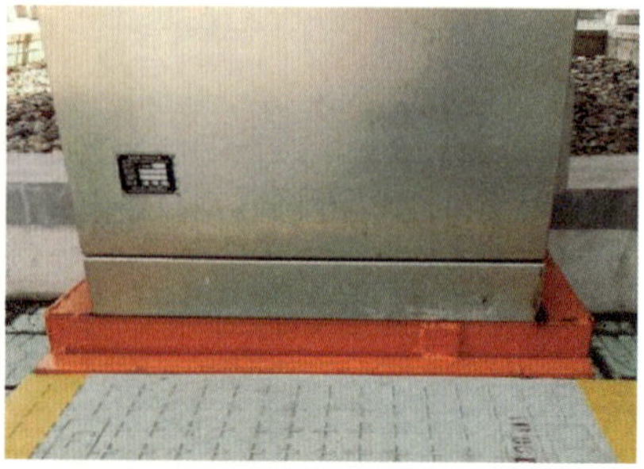

1.6.5 接地装置

应用对象

适用于生产区域、办公区域、生活区域接地扁铁。

规范要求

标准类型： 强制标准。

材　　料： 黄色、绿色油漆。

规　　格： 黄绿相间，线宽为 15mm~100mm。

内　　容： 接地装置按要求刷接地装置警示线。

示范图解

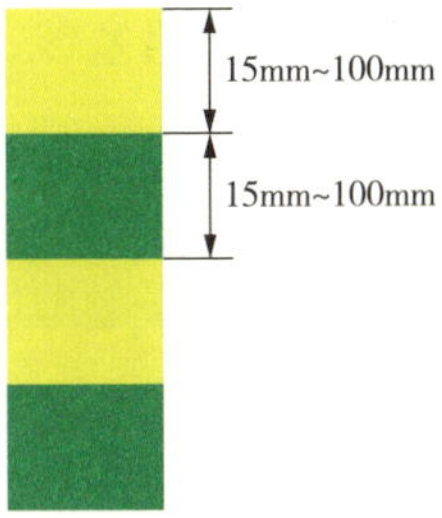

实际案例

1.7 消防设施通用规范

1.7.1 消防栓定位

应用对象

适用于全公司的消防栓定位。

规范要求

标准类型：强制标准。

材　　料：①黄色油漆 / 地胶带；②黄色 + 黑色油漆。

规　　格：定位区域为消防栓墙面凸出部分，禁止阻塞线采用由左下向右上侧呈 45° 的黄色斜线区域（或黄色、黑色线区域），宽度为 100/50mm，间距 100/50mm。有堵塞隐患的消防栓画禁止阻塞线，没有堵塞隐患的消防栓不用画禁止阻塞线。

示范图解

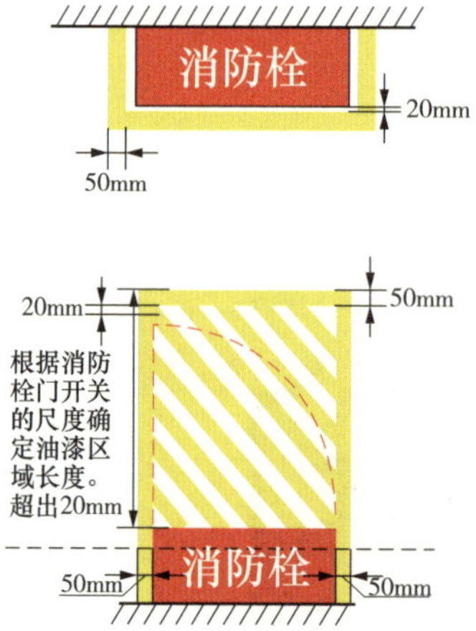

实际案例

1.7.2 消防栓标识

应用对象

适用于全公司的消防栓标识。

规范要求

标准类型： 强制标准。

材　　料： 车身贴。

规　　格： 根据消防栓尺寸确定。

内　　容： 管理编号、使用方法、火警电话、注意事项、责任人。

示范图解

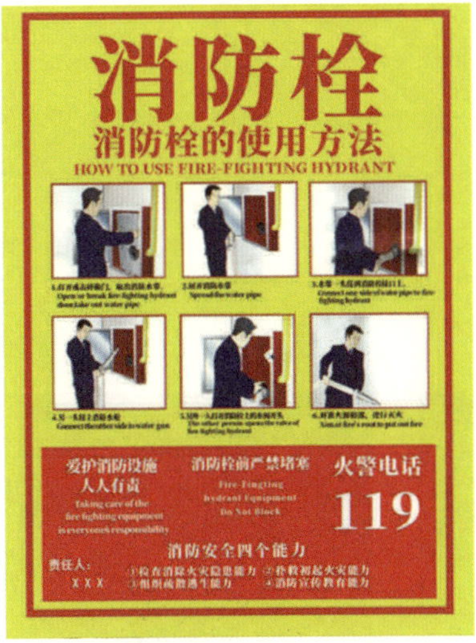

实际案例

1.7.3 灭火器定位

应用对象

适用于全公司的灭火器定位。

规范要求

标准类型：强制标准。

材　　料：①黄色油漆 / 地胶带；②黄色 + 黑色油漆。

规　　格：两侧各延伸 20mm；禁止阻塞线采用由左下向右上侧呈 45° 的黄色、黑色线，宽度为 100/50mm，间距为 100/50mm。有堵塞隐患的消防栓画禁止阻塞线，没有堵塞隐患的消防栓不用画禁止阻塞线。

示范图解

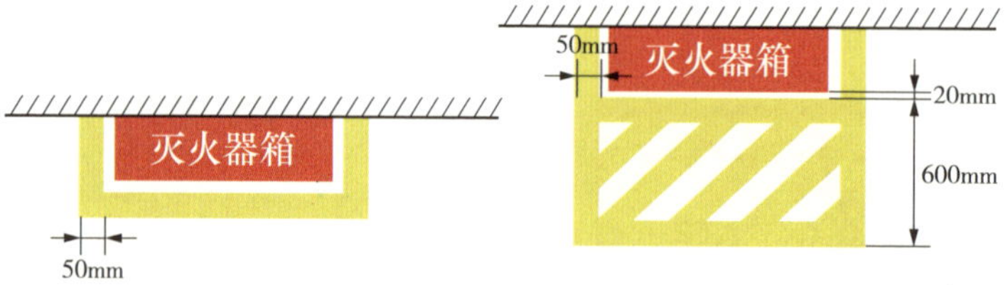

实际案例

1.7.4 灭火器标识

应用对象

适用于全公司的灭火器。

规范要求

标准类型： 强制标准。

材　　料： 室内写真带背胶。

规　　格： 350mm（长）×200mm（宽）。

内　　容： 管理编号、使用方法、火警电话、注意事项、管理责任人。

示范图解

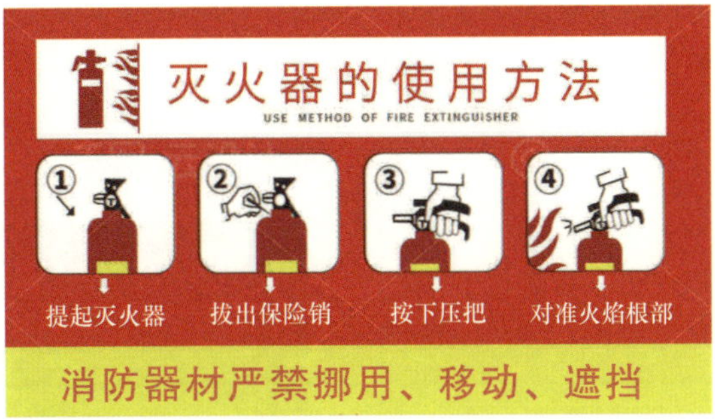

实际案例

1.7.5 灭火器点检卡

应用对象

适用于全公司生产区域所有灭火器。

规范要求

标准类型：强制标准。

材　　料：卡片纸。

规　　格：100mm（长）×140mm（高），可根据实际情况调整。

内　　容：火器名称、灭火器规格、定置地点、所属部门、灭火器编号、灭火器用途、配置时间、有效期、检查日期等。

要　　求：将卡片插入卡套中挂放在相应消防设施的旁边，设施负责人需在每月定期点检消防设施，并签字确认。

示范图解

消防器材检查记录卡

年度:__________ ○ 消防栓 ○ 灭火器 ○ 应急灯
编号:__________ ○ 消防警铃 ○ 安全通道 ○ 消防沙

月份	检查情况		检查日期	检查人
	正常	不正常		
1月				
2月				
3月				
4月				
5月				
6月				
7月				
8月				
9月				
10月				
11月				
12月				

备注：1. 如检查时消防器材有异常，应立即更换或维修；
2. 检查情况正常打“√”，异常打“×”。

实际案例

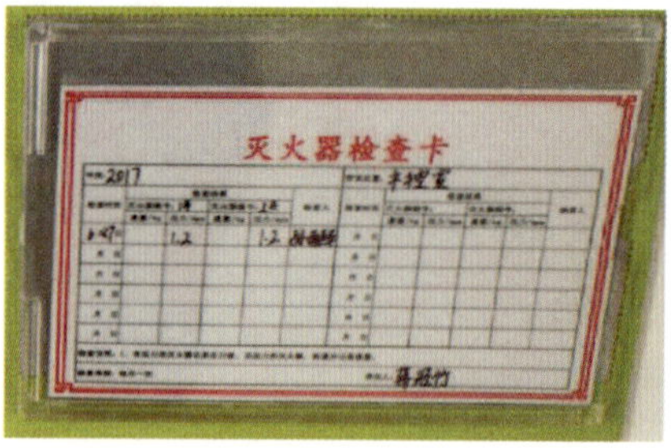

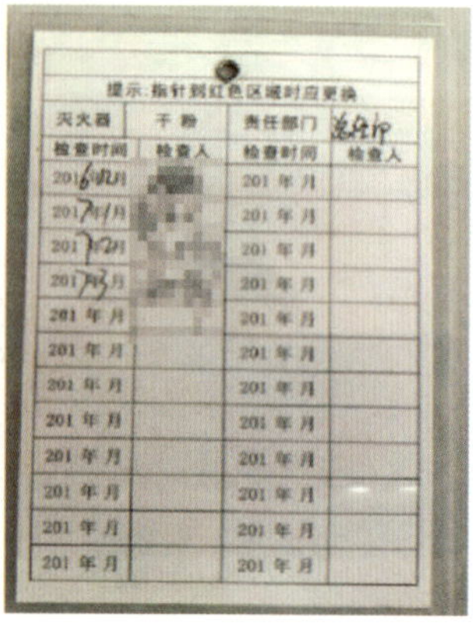

1.7.6 消防沙箱定位

应用对象

适用于全公司生产区域的消防沙箱。

规范要求

标准类型：强制标准。

材　　料：黄色油漆或地胶带。

规　　格：线宽 50mm。

要　　求：

（1）消防沙箱统一编号，配备消防锹、消防桶。

（2）消防沙箱须明确标识，周围无阻碍物，紧急时使用便捷。

实际案例

1.7.7　消防紧急疏散图

应用对象

适用于区域紧急逃生路线目视化。

规范要求

标准类型：强制标准。

材　　料：亚克力或铝板覆膜。

规　　格：60mm（长）×40mm（宽），可根据实际情况调整。

内　　容：平面布局图、所在位置、逃生线路、消防联系信息。

要　　求：疏散图上标注目前所处位置；逃生路线用红色箭头标示出来。

示范图解

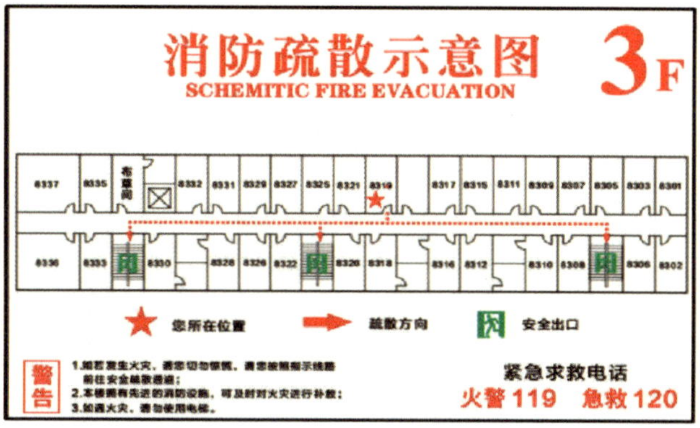

实际案例

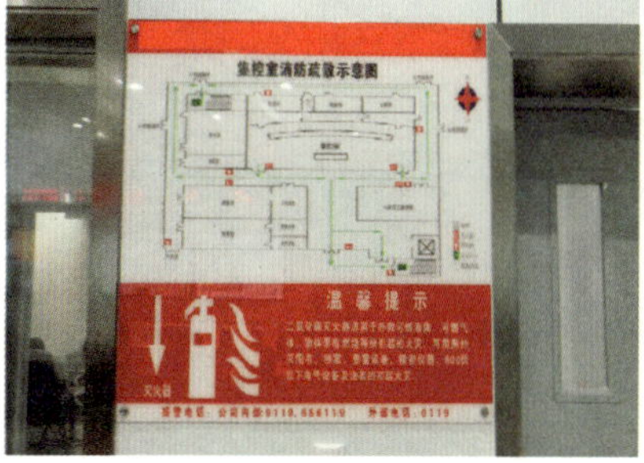

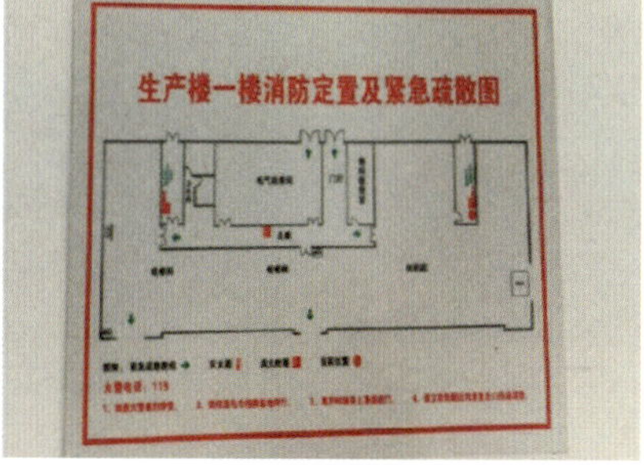

1.7.8 消防紧急疏散集合点

应用对象

适用于紧急疏散集合点。

规范要求

标准类型：强制标准。

材　　料：反光膜。

规　　格：600mm（长）×400mm（宽），可根据实际情况调整。

内　　容：紧急疏散集合点图标、名称、温馨提示。

示范图解

实际案例

2
PART

7S 管理专项规范

2.1 安全警示规范

2.1.1 安全警示标志的使用

应用对象

所有警告、禁止、指令、提示标志。

规范要求

标准类型：强制标准。

材　　料：铝板覆膜或 PVC 印刷。

规　　格：根据观察距离来选择安全警示标志的尺寸。注意标志的尺寸为安全标志的尺寸，不是框线及标牌的外形尺寸。

安全标志的尺寸　　单位：m

序号	观察距离 L	图形标志的外径	三角形标志的外边长	正方形标志的边长
1	$0<L<2.5$	0.070	0.088	0.063
2	$2.5<L<4.0$	0.110	0.142	0.100
3	$4.0<L<6.3$	0.175	0.220	0.160
4	$6.3<L<10.0$	0.280	0.350	0.250
5	$10.0<L<16.0$	0.450	0.560	0.400
6	$16.0<L<25.0$	0.700	0.880	0.630
7	$25.0<L<40.0$	1.110	1.400	1.000

注　允许有 3% 的误差。

颜　　色：警告标志为黄色，禁止标志为红色，指令标志为蓝色，提示标志为绿色。

内　　容：根据现场需要设置安全警示标志。

要　　求：

（1）安全标志的设置：

1）安全标志应设置在与安全有关的明显地方，并保证人们有足够的时间注意其所表示的内容。

2）设立于某一特定位置的安全标志应被牢固地安装，保证其自身不会产生危险，所有的标志均应具有坚实的结构。

3）当安全标志被置于墙壁或其他现存的结构上时，背景色应与标志上的主色形成对比色。

4）对于那些所显示的信息已经无用的安全标志，应立即由设置处卸下，这对于警示特殊的临时性危险的标志尤其重要，否则会导致观察者对其他有用标志的忽视与干扰。

5）多个标志牌在一起设置时，应按警告、禁止、指令、提示类型的顺序，先左后右、先上后下地排列。确保大小一致、整齐规范，避免单个地散乱布置。

（2）安全标志的安装：

1）安装时首先要考虑标志的安装位置不可存在对人的危害。

2）确保标志安装位置对所有的观察者都能清晰易读。

3）通常标志应安装于观察者水平视线稍高一点的位置，1.6m 是比较合适的高度，但有些情况置于其他水平位置则是适当的。

4）危险和警告标志应设置在危险源前方足够远处，以保证观察者在首次看到标志及注意到此危险时有充足的时间，这一距离随不同情况而变化。例如，警告不要接触开关或其他电气设备的标志，应设置在它们近旁，而大厂区或运输道路上的标志，应设置于危险区域前方足够远的位置，以保证在到达危险区之前就可观察到此种警告，从而有所准备。

5）安全标志不应设置于移动物体上，例如门，因为物体位置的任何变化都会造成对标志观察变得模糊不清。

6）已安装好的标志不应被任意移动，除非位置的变化有益于标志的警示作用。

2.1.2　快速转动部位防护罩

应用对象

V 形皮带传动、链条传送、联轴器等旋转部位防护罩。

规范要求

标准类型： 强制标准。

材　　料： 油漆。

颜　　色： 防护罩为大红色，箭头为白色。

规　　格： 箭头前端为边长 100mm 的等边三角形，箭柄长度为 120mm，箭柄宽度为 50mm，用于联轴器警示时箭柄适当延长，确保两侧可视。

要　　求：

（1）安全防护罩要留有检查孔或网状可视。

（2）防护罩安装牢固。

（3）大型防护罩的警示采用设置在两端或上下面，以确保可视为基本原则。

示范图解

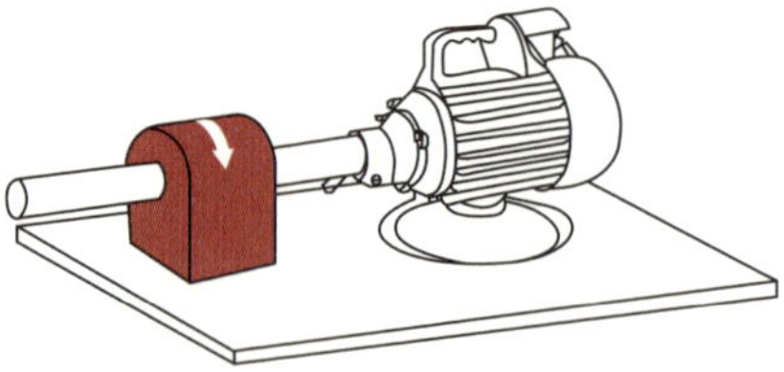

实际案例

2.1.3 安全防护栏

应用对象

平台、人行通道、升降口及其他存在跌落风险的地方。

规范要求

标准类型：强制标准。

颜　　色：黄色油漆。

要　　求：

（1）根据现场情况，存在跌落风险的必须设置安全防护围栏，距离基准面高度 1.2m~2m 平台、通道或工作面，防护栏杆高度应不低于 900mm；距离基准面高度 2m~20m 平台、通道或工作面，防护栏杆高度应不低于 1050mm；距离基准面高度大于 20m 平台、通道或工作面，防护栏杆高度应不低于 1200mm。

（2）防护栏杆应由上、下两道横杆，踢脚板及栏杆柱组成，上杆离地高度为 0.9m~1.2m，下杆离地高度为 0.5m~0.6m，踢脚板顶部距平台地面不低于 100mm，踢脚板底部距地面间隙不大于 10mm。立柱间隔不大于 1000mm。

（3）2m 以上平台防护栏杆要设置“禁止翻越”“当心跌落”“严禁高空抛物”等安全警示牌。

示范图解

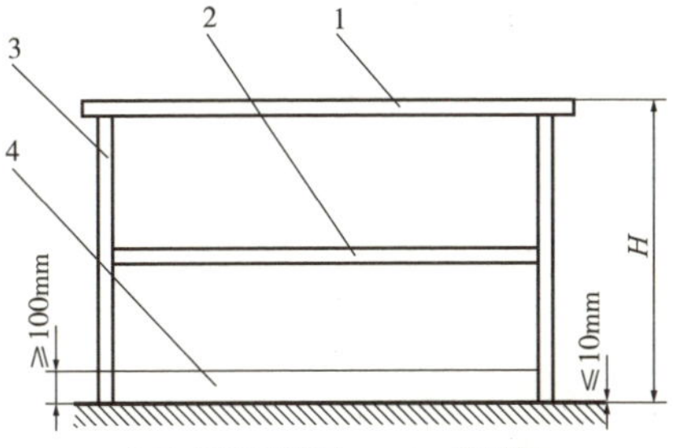

1—扶手（顶部栏杆）；4—踢脚板；
2—中间栏杆；H—栏杆高度
3—立柱；

防护栏杆示意图

实际案例

2.1.4 安全隔离网

应用对象

配电房、升降机、高压变电器房等需要安全隔离的区域。

规范要求

标准类型：强制标准。

材　　料：黄色油漆。

要　　求：安全隔离网的高度不低于2000mm。

示范图解

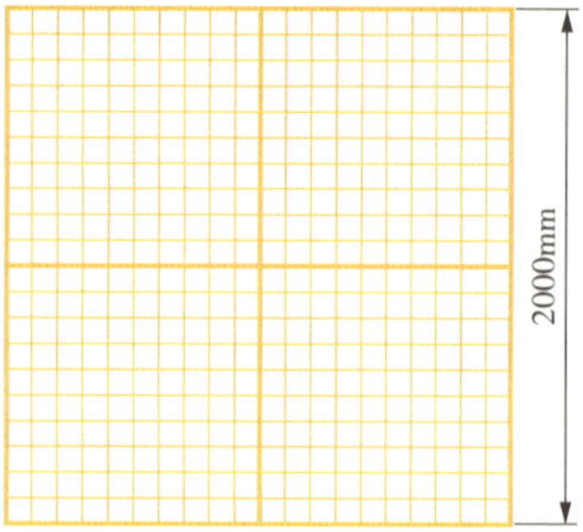

安全隔离网样式

实际案例

2.1.5 固定梯子的警示

应用对象

设备顶部平台、天顶天棚等固定梯子。

规范要求

标准类型： 强制标准。

材　　料： 油漆。

颜　　色： 固定梯子与安全围栏要涂刷成黄色。

要　　求：

（1）安装固定梯子的宽度为 400mm 以上。

（2）必要时增加安全围栏高度 600mm 以上。

（3）禁止攀登的爬梯上加装爬梯遮拦门，爬梯遮拦门刷红色油漆，并加“禁止攀登”警示标志。

实际案例

2.1.6 出入口地面标示

应用对象

升降平台、吊篮输送设备、固定梯子等（非消防设施）随时可能出入，防止被占用的地面区域。

规范要求

标准类型：强制标准。

材　　料：黄色油漆或胶带。

要　　求：

（1）根据要求在出入口设置隔离区，防止被占用或是被堵塞，导致人或物不能通过。采用黄色实线对隔离区进行明示。

（2）隔离区域用斜线框表示，角度为45°，线宽及垂直间隔为50mm，斜线框宽度为设施设备门宽度，斜线的朝向在同一区域内要求一致。

示范图解

提升平台出入口标示方法

实际案例

2.1.7 墙角墩柱防撞线

应用对象

柱子、墙角、凸出建筑物、工程钢等容易造成碰撞区域。

规范要求

标准类型：强制标准。

材　　料：黄色、黑色油漆。

要　　求：

（1）以画黄色、黑色相间油漆线（黄黑斑马线）为原则来标示危险区域。黄色线与黑色线宽度比例为 1∶1。

（2）如果被涂刷物涂刷面为平面，轮廓清晰，线倾斜角度为 45°。

（3）如果涂刷面为弧面、曲面，线倾斜角度为 0°。

（4）黄黑线宽为 100mm，涂刷高度为 1500mm，如果墩柱高度小于 1500mm，则全部涂刷。

示范图解

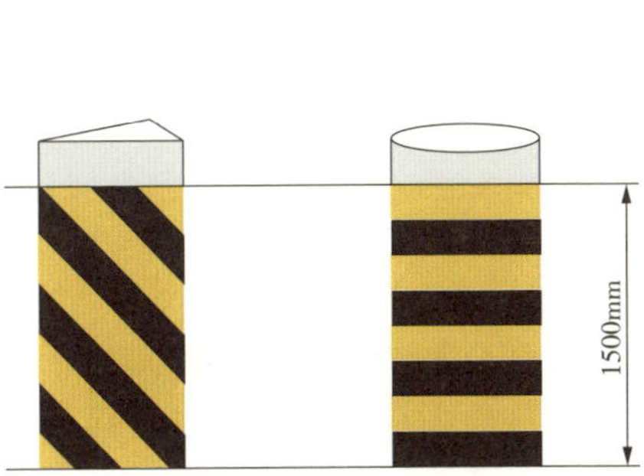

墙角墩柱标示方法

实际案例

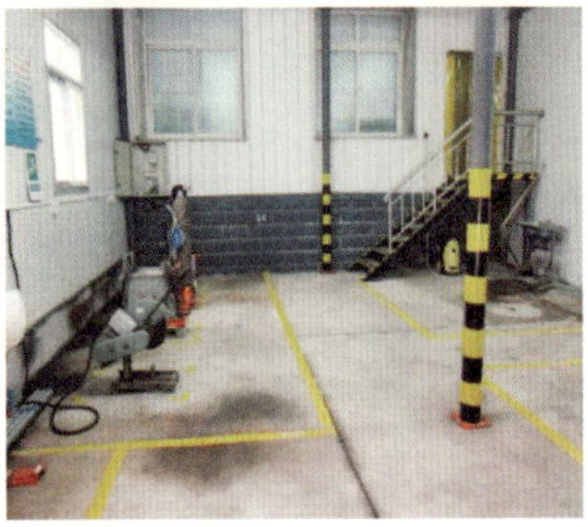

2.1.8 通道上方防撞警示

应用对象

道路上方有管、线、门楣，容易被人、车、物碰到的位置。

规范要求

标准类型： 强制标准。

材　　料： 黄色、黑色油漆。

规　　格： 黄黑条纹间距宽度为 100mm，倾斜角度 45°。

要　　求：

（1）在通道上方障碍物上沿设置限高警示标识，两面都要设置。

（2）警示标识为黄黑斑马警示线，黄黑斑马色胶带宽度为 100mm。

示范图解

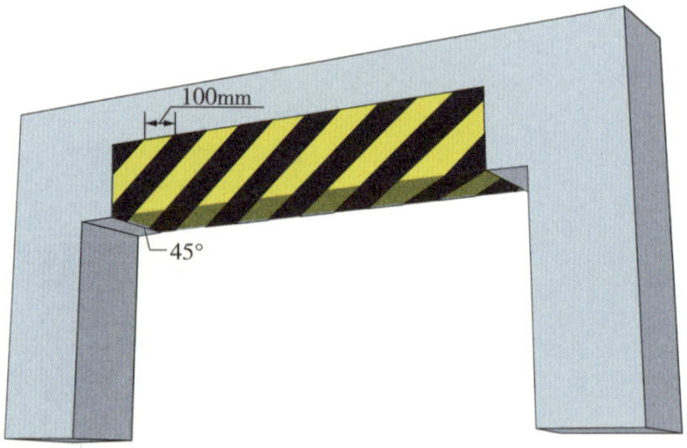

实际案例

2.1.9 倾斜式楼梯标示

应用对象

倾斜式楼梯。

规范要求

标准类型： 强制标准。

材　　料： 油漆或地胶带。

规　　格： 长为台阶长度，宽根据台阶深度选择 50mm~100mm。

要　　求：

（1）安全护栏统一刷成黄色，如果安全护栏为不锈钢材料制作，则不涂刷。

（2）每一级楼梯的第一步台阶和最后一步台阶的边缘刷成黄色，线的宽度为 50mm~100mm。

示范图解

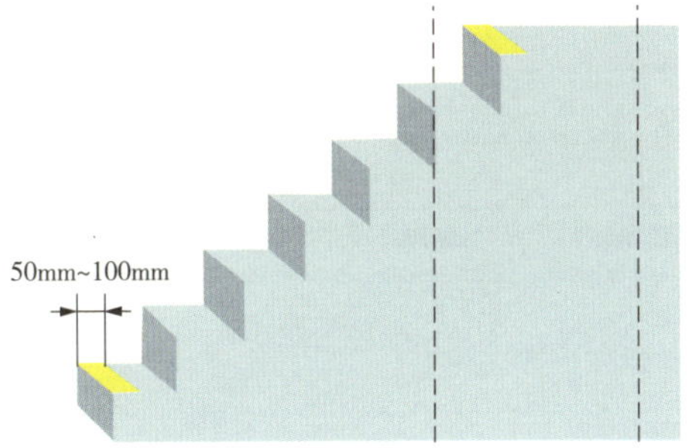

实际案例

2.1.10 墙角防撞墩、防护栏标示

应用对象

墙角防护栏、路边防撞墩。

规范要求

标准类型： 强制标准。

材　　料： 黄色、黑色油漆。

要　　求：

（1）提醒车辆、推车过往时，防止碰撞受保护物。

（2）根据要求与现场实际情况安装低位防护栏。

（3）在防护栏上用黄色油漆、黑色油漆涂刷黄黑相间的斑马色。

（4）每段黄色与黑色宽度比例为 1∶1。

示范图解

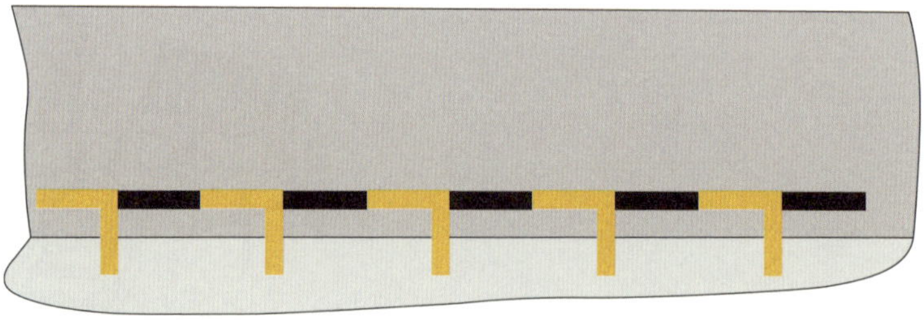

实际案例

2.1.11 危险物品保管警示

应用对象

易燃、易爆等化学物质及其保管场所，对出入人员及其环境有潜在致命影响的有毒物质及其保管场所。

规范要求

标准类型： 强制标准。

材　　料： 铝板或 PVC 板，单面印刷。

要　　求：

（1）规格为边长 250mm 的直角菱形。

（2）明确危险物品的内容和警示图案。

（3）贴放位置：标示牌应贴附在保管危险物品的显眼位置或出入口正面。

示范图解

实际案例

遇水释放出易燃气体的物品

氧化剂和有机过氧化物

放射性物品（第Ⅰ级）

放射性物品（第Ⅱ级）

易燃气体

有毒物品（第2类和第6.1类）

易燃固体（第4类）

易自燃物品

2.2 工器具摆放规范

2.2.1 工器具镶嵌式放置

应用对象

各种工具、器材类。

规范要求

标准类型：建议标准。

材　　料：珍珠棉、婴儿垫等。

要　　求：

（1）工具采用凹槽式定置管理。

（2）在每个工具的位置上贴上标识（黄底黑字标签色带打印）。

（3）标识大小根据情况合理调整。

示范图解

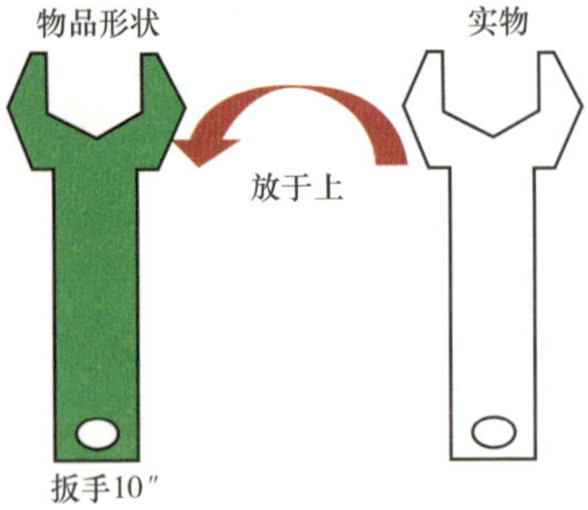

实际案例

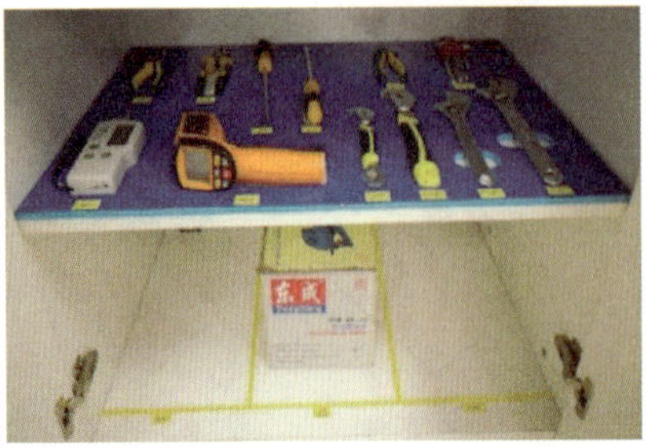

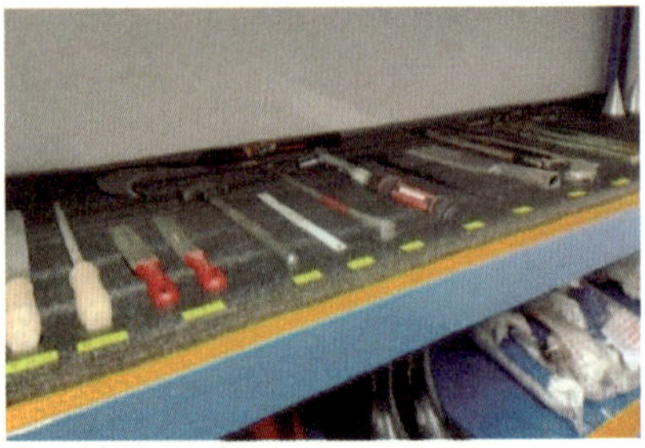

2.2.2 棒类工具摆放

应用对象

各种适合竖立或是横排摆放的工具、器具、非标准专用工具类，此类工具形状一般比较修长。

规范要求

标准类型：建议标准。

材　　料：铁架或木架。

要　　求：

（1）制作适合的竖立插放或横排挂放保管架。

（2）在工具架的旁边附上工具清单，并标明管理部门和责任人。

（3）在每个工具存放位置上贴上标识。

示范图解

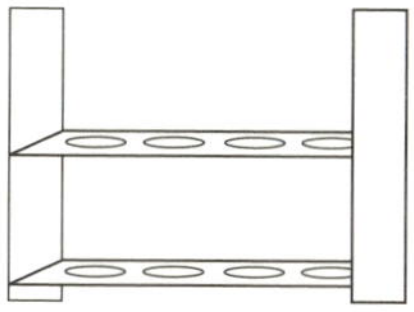

工具架样式一

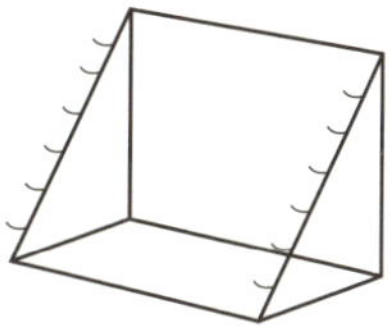

工具架样式二

实际案例

2.2.3 维修类工具架摆放

应用对象

同一类型，但不同规格的工器具类。

规范要求

标准类型： 建议标准。

材　　料： 木材或钢板。

要　　求：

（1）按照工器具形状和大小量身定做工器具存放的特有卡槽。

（2）在工具架的旁边附上工器具清单，并标明管理部门和责任人。

（3）在每个工具存放位置上贴上标识。

（4）标识规格：标识大小根据情况合理调整。

示范图解

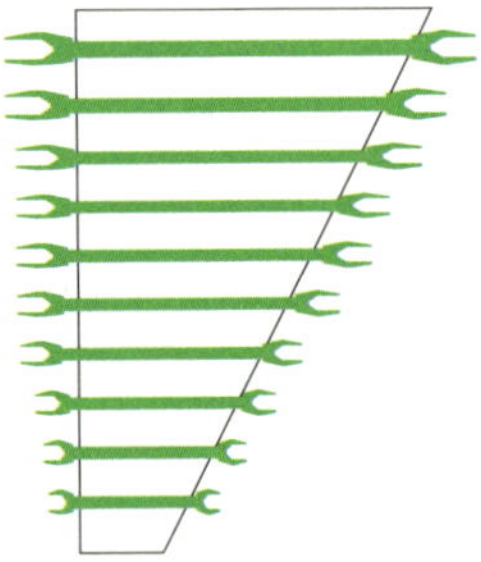

工具摆放样式

实际案例

2.2.4 可悬挂式工具摆放

应用对象

工具上带有可以悬挂的孔、钩、套索等工器具类。

规范要求

标准类型： 建议标准。

材　　料： 工具板、专用挂钩。

要　　求：

（1）按照工器具形状和大小及布置面积量身设置工具板。

（2）在每个工具存放位置上贴上工具标识。

示范图解

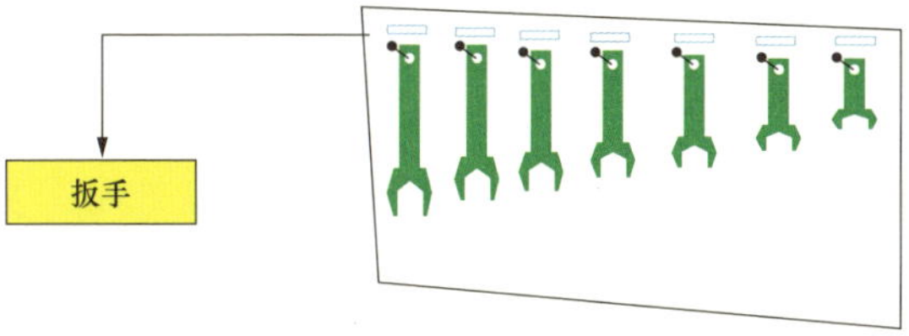

标识样式　　工具摆放样式

实际案例

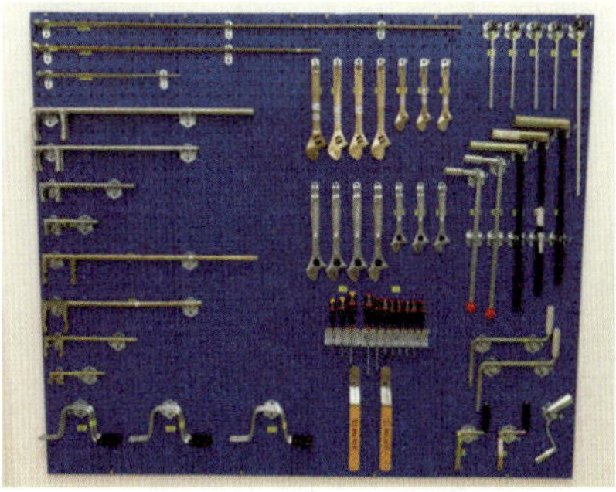

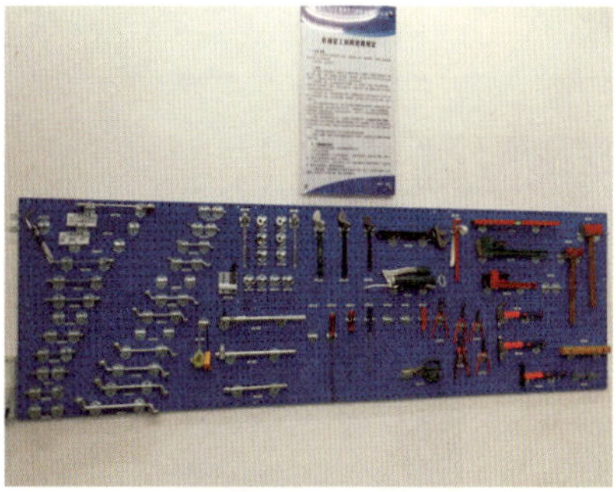

2.2.5 清扫工具摆放

应用对象

各种清扫用扫把、拖布等。

规范要求

标准类型：建议标准。

要　　求：

（1）清扫工具基本管理原则是离地吊挂管理。

（2）可根据情况制作适合的竖立式保管架或在墙面挂放。

（3）在保管架放置区域附上工器具清单，并标明管理部门和责任人。

（4）在每个工具存放位置上贴上工具标识。

（5）潮湿的工具摆放需在工具摆放下面制作接水槽，墙面挂放区域要做防水防污处理。

示范图解

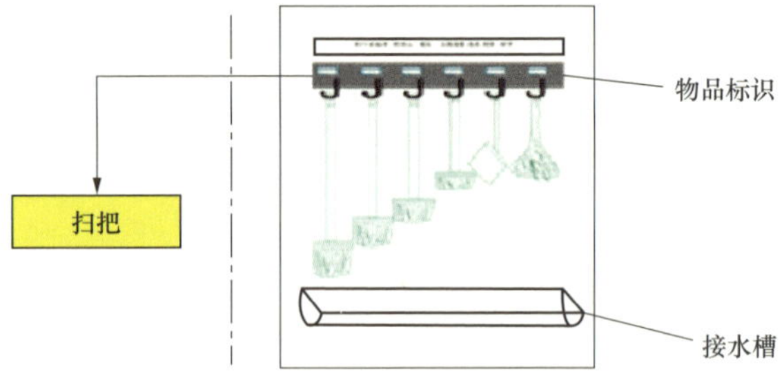

标识样式　　工具摆放样式

实际案例

2.2.6 索类摆放

应用对象

各种钢丝绳、链条、尼龙绳、麻绳等。

规范要求

标准类型： 建议标准。

材　　料： 铁架。

要　　求：

（1）制作适合保管绳索的竖立式保管架。

（2）在保管架上附挂放物品清单，并标明管理部门和责任人。

（3）在每个物品挂放位置贴上物品标识。

示范图解

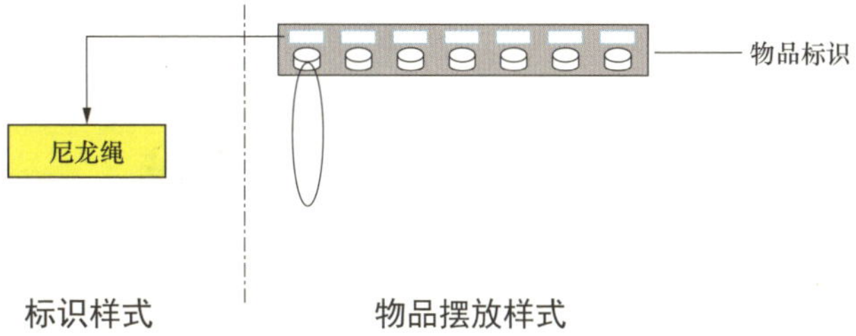

实际案例

2.2.7 胶管电缆类物品摆放

应用对象

各种塑料水管、蛇型管、电缆、橡胶气管等。

规范要求

标准类型： 建议标准。

材　　料： 转盘。

要　　求：

（1）配置一个合适的电缆转盘，形状与大小根据实际情况制作，方便使用者使用。

（2）在转盘上方标明物品名称、管理部门和责任人。

（3）标识规格：A5 打印纸 [210mm（长）×148mm（高）]。

示范图解

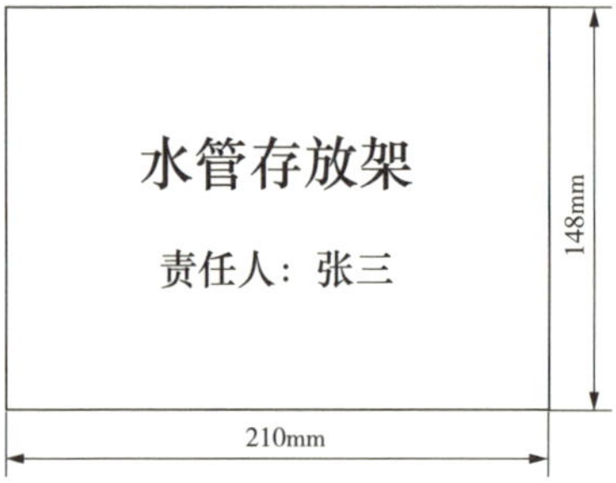

标识

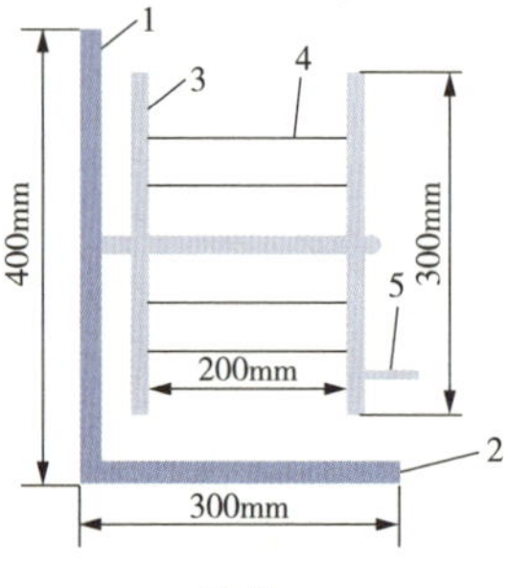

转盘

1—底座；2—支撑杆；3—斜板；4—横杆；5—手柄

实际案例

2.3 设备点检规范

2.3.1 设备点检指导书的制作

应用对象

特种设备、压力容器、各种需定期点检的设备。

规范要求

标准类型：建议标准。

材　　料：喷绘、打印纸、塑封膜。

规　　格：

（1）大型设备或区域点检指导书：1000mm × 800mm，根据需要采用横版或竖版。

（2）小型设备点检指导书：A4 打印纸 [297mm（长）× 210mm（宽）]。

要　　求：

（1）点检项目的确定：首先确定需进行点检的设备，收集设备说明书、保养书及相关技术要求；然后确定选定设备的点检位置，并对点检位置进行编号，编号原则根据现场点检路线确定，点检路线选择以安全、高效为基础。

（2）点检标准的确定：确定各点检位置的点检标准，点检标准的确定以简单、高效为原则。

（3）点检方式及工具的确定：确定点检的方法，视觉、听觉、触觉、测量及采用的点检工具，如电筒、探针、测温测振仪等。

（4）点检周期的确定：根据各点检位置的特性确定点检频率，一般为天、周、半月。

（5）将制作好的设备点检指导书设置在显眼位置，可以在设备本体、临近墙面合适位置张贴或在设备边设立支架。

示范图解

给水泵点巡检管理看板

设备名称	设备编号
余热锅炉给水泵	2321-00LAC（10/20/30）AP00110

设备点检

序号	点检项目	点检标准	点检工具	点检周期
GSB-01	泵非驱动端轴承振动	≤3s	测振仪	每周一次
GSB-02	泵非驱动端轴承温度	≤75℃	目视	每周一次
GSB-03	泵推力瓦温度	≤80℃	目视	每周一次
GSB-04	泵轴承润滑油压力	≥0.12MPa	目视	开机检查
GSB-05	泵进口压力	0.2MPa~0.4MPa	目视	开机检查
GSB-06	泵出口压力	6MPa~7.5MPa	目视	开机检查
GSB-07	泵驱动端轴承振动	≤3s	测振仪	每周一次
GSB-08	泵驱动端轴承温度	≤75℃	目视	每周一次
GSB-09	电机驱动端轴承振动	≤5s	测振仪	每周一次
GSB-10	电机驱动端轴承温度	≤75℃	测振仪	每周一次
GSB-11	电机非驱动端轴承振动	≤5s	测振仪	每周一次

危险点预控

序号	危险点	预控措施	防范用具
GSB-A1	泵体、管路高温烫伤	保温齐全	防烫手套
GSB-A2	机械伤害	联轴器罩壳齐全，并画警示标志	
GSB-A3	人身伤害	布置足够的照明、并画警示标志	

环境因素预控

GSB-H1	重噪声区域巡检	区域巡检戴防护耳塞	耳塞

常见故障及处理

序号	故障现象	原因分析	处理方法
1	泵出力低	1.电动机或电源故障 2.旋转方向不对 3.泵内极度磨损 4.再循环系统故障 5.泵进口阀门定位不对	1.检查电动机与电源 2.检查旋转方向 3.解体检查，必要时进行大修 4.检查再循环系统 5.检查进口阀门
2	轴承过热	1.轴承磨损 2.润滑油不足或油品不对 3.泵、电动机对中不好	1.检查轴承 2.检查油源 3.检查对中情况
3	泵组在额定工况时功率过大	1.出口压力低 2.泵内动静摩擦或间隙过大	1.检查流量 2.检查间隙
4	泵过热或卡住	1.水泵在断水状况下工作 2.水泵内部部件磨损 3.供油不足或油品不对 4.润滑油系统故障 5.轴承磨损 6.泵组对中不好 7.进、出口阀门定位不对	1.检查进口滤网是否清洁 2.检查间隙 3.检查油源和油品 4.检查润滑油系统 5.检查轴承 6.检查对中情况 7.检查进、出口阀门
5	噪声、振动过大	1.转子部件动平衡差 2.联轴器对中不好 3.轴承磨损 4.地脚螺栓松动 5.泵内部间隙过大 6.吸入口失压 7.联轴器损坏 8.油管路支承不良造成共振 9.再循环系统故障	1.检查转子的动平衡 2.检查对中情况 3.检查轴承 4.检查螺栓 5.检查间隙 6.检查进水系统 7.检查联轴器 8.检查泵组附近管路 9.检查再循环系统

点检部位图示

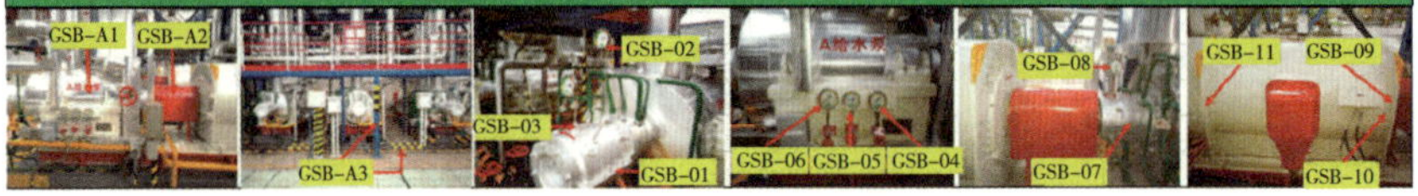

实际案例

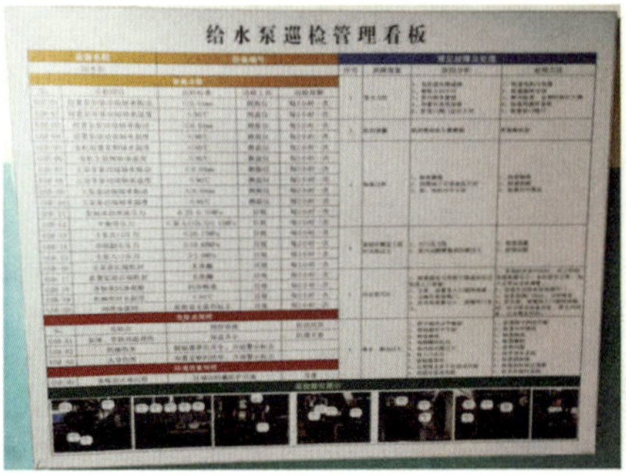

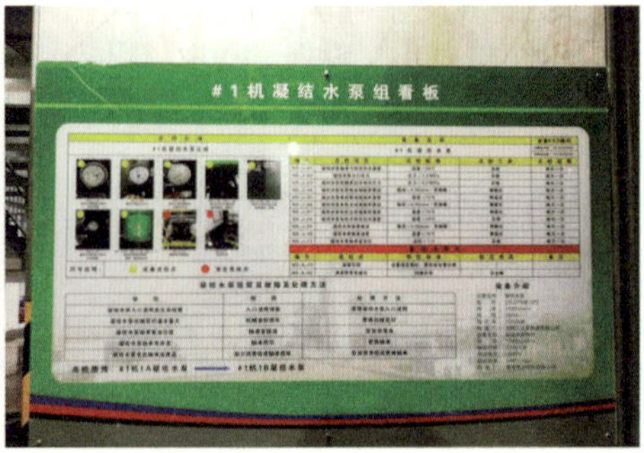

2.3.2 现场设备点检位置、点检次序与点检路线确定

应用对象

各种需点检的设备。

规范要求

标准类型： 强制标准。

材　　料： 油漆或耐磨地标贴。

要　　求：

（1）根据点检作业指导书确定点检位置在点检时的先后顺序。

（2）根据各点检位置的地理关系，确定点检路线，避免来回走动。

（3）一般采用带编号的脚印牌在地面标识位置，也可以用油漆喷涂在地面，或是使用编号牌张贴或挂放在点检位置。

实际案例

2.3.3 设备点检表制作

应用对象

需要进行点检的重点设备。

规范要求

标准类型：强制标准。

材　　料：打印纸、硬胶套。

规　　格：A4 [297mm（长）×210mm（宽），根据现场位置调整]。

要　　求：

（1）确定需进行点检的设备。

（2）点检表内容涵盖点检项目、点检标准、点检工具、点检周期、点检日期、点检记录、点检人签字、主管签字等。

（3）点检表要放在现场点检设备附近，员工需逐一点检设备点检位置，然后签字确认。

（4）点检表放置方法：在现场挂放点检表的位置张贴 A4 硬胶套，将点检表插入其中，张贴高度为 1500mm~1600mm，适当时可将 A4 硬胶套正面点检记录位置剪掉，方便点检人员记录。

示范图解

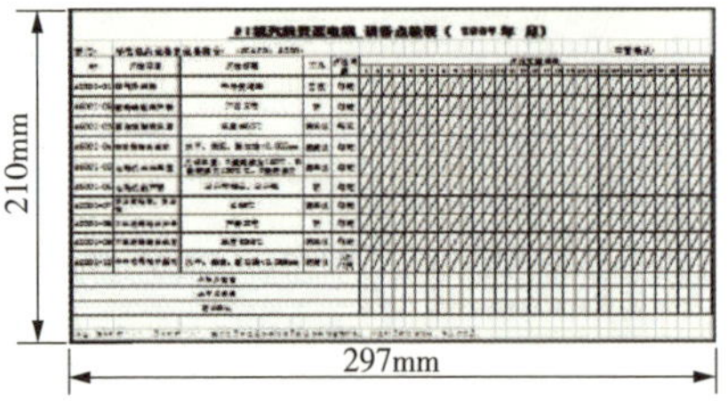

设备点检表样表

实际案例

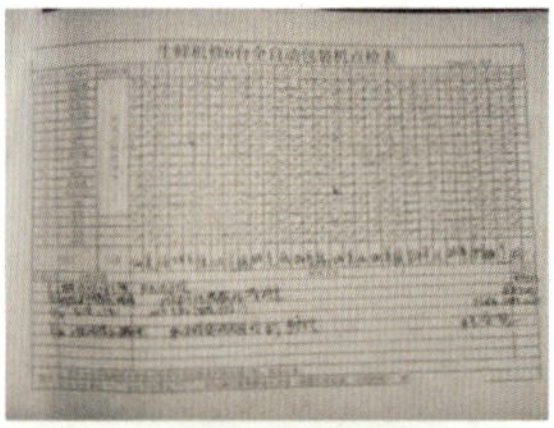

2.3.4 设备点检位置标示

应用对象

各种需点检设备的点检位置。

规范要求

标准类型：强制标准。

材　　料：薄铝板或薄不锈钢覆膜，带背胶根据现场实际确定材料。

规　　格：外径 30mm，内圆直径为 15mm。

要　　求：

（1）颜色：测温点——红环白芯；测振点——绿环白芯；测声点——绿色芯。

（2）材料选择：不干胶单面印刷。

（3）标识编码：设备简称代号 + 点检位置序号（设备简称代号：用设备名称拼音的第一个字母表示），下部编码为点检标准。

（4）标识位置：粘贴在点检位置下方。

示范图解

实际案例

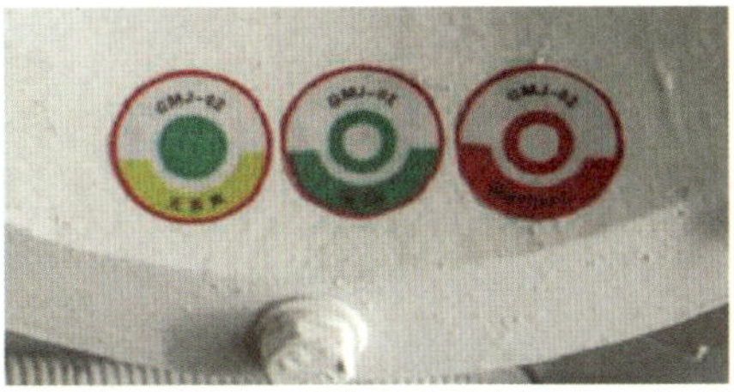

2.3.5　点巡检位置地面目视化标识

应用对象

设备点巡检位置地面标识。

规范要求

标准类型：强制标准。

材　　料：PVC 地标贴或油漆。

规　　格：直径 300mm。

要　　求：

（1）地面点巡检位置与设备点检点是一对一或一对多关系，根据现场状况确定，保证安全、高效。

（2）地面点巡检位置在地面用圆形脚印标识、圆形或方形标识表示点巡检位置定位。

（3）标识包含：

1）点巡检类别。如运行、维修、机务、电气等。

2）点巡检点编号。该位置包含的点巡检点号码。

3）点巡检顺序编号。标识该设备 / 区域点巡检的位置次序。

（4）具体的实施方法根据地板情况选择：

1）水泥地面：采用脚印标识粘贴、模板油漆喷制。

2）瓷砖或环氧自流平等装饰地面：采用脚印标识粘贴。

示范图解

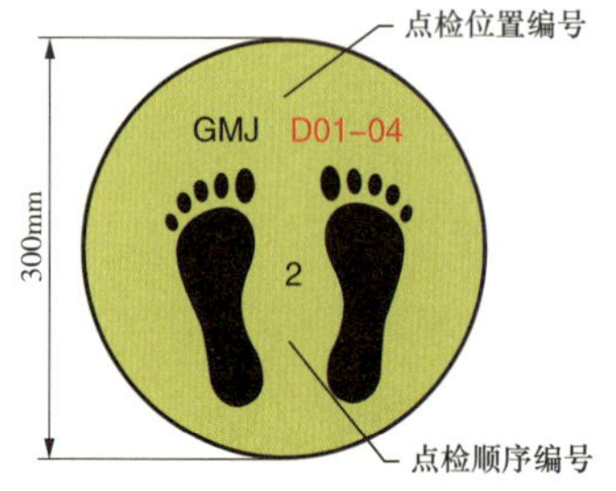

实际案例

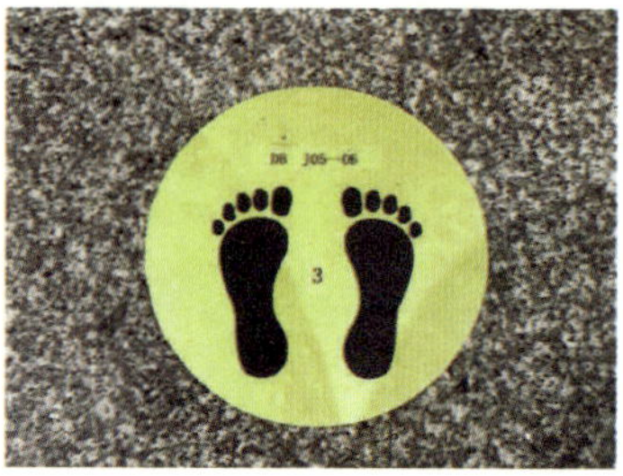

2.3.6 点巡检路线指引标示

应用对象

从一个点巡检位置点向下一个点巡检位置点的路线指引。

规范要求

标准类型：强制标准。

材　　料：油漆或地标贴。

规　　格：线宽为 50mm，虚线间距为 200mm~300mm，虚线长为 150mm。

要　　求：

（1）颜色：绿色，绿色地面采用白色。

（2）路线指引采用箭头、箭头加线段或箭头加文字进行方向指引。

示范图解

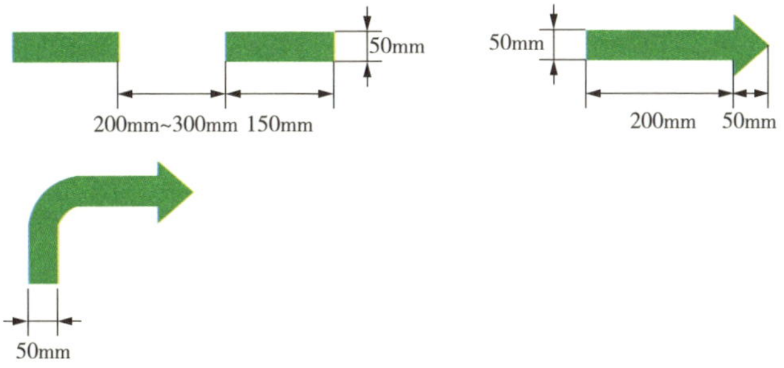

实际案例

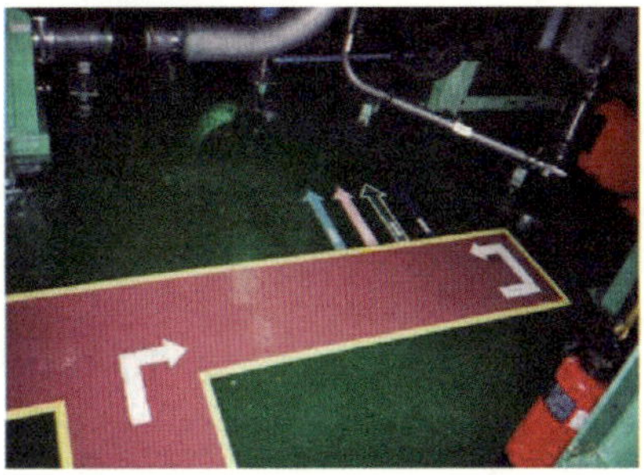

2.4 看板管理规范

2.4.1 看板管理总体要求

应用对象

适用于看板总体管理要求。

规范要求

标准类型： 建议标准。

材　　料：

（1）户外：铝板覆 3M 工程级反光膜加防腐膜，或烤漆。

（2）室内：亚克力。

规　　格： 按现场实际情况确定。

内　　容： 企业 LOGO、企业识别色，相关内容。

要　　求：

（1）放在同区域范围的看板，高度统一，表头高度、底部装饰条高度和 LOGO 尺寸统一。

（2）字体应在 2m 左右能看清。

实际案例

2.4.2 室外宣传看板

应用对象

各职能部门、各事业部。

规范要求

标准类型：建议标准。

材　　料：不锈钢外框。

规　　格：根据版面的设计、看板的内容购买或制作合适大小的看板，建议版面尺寸为 2400mm（长）×1200mm（高），支撑管直径为 100mm，顶部需加雨棚。

版面设计：整体横平竖直，局部设计可以灵活多变，适当美化。

看板内容：7S 责任区域图、7S 推进计划、月度 7S 之星、学习园地、7S 评比结果、曝光栏、优秀改善案例、相关标准等内容。（可根据实际情况对内容进行增减）

位　　置：放置于员工经常路过的地方。

示范图解

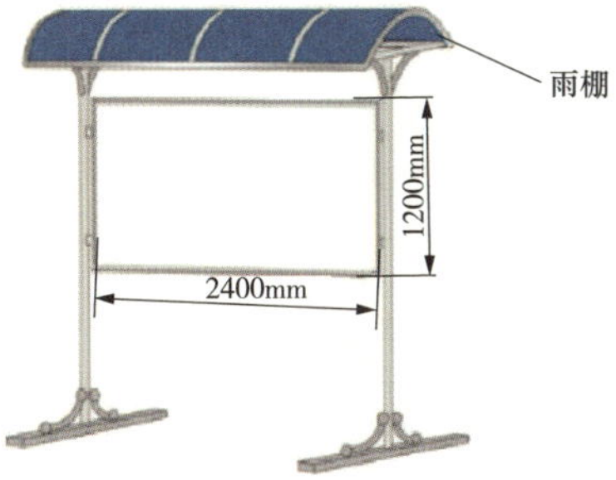

室外宣传栏参考

实际案例

2.4.3 宣传标语看板

应用对象

各职能部门、各事业部。

规范要求

标准类型： 建议标准。

材　　料： 可以采用 PVC、亚克力等材料。

规　　格： 350mm（宽）×900mm（高）、600mm（宽）×900mm（高），可根据现场情况调整。

版面设计： 根据宣传的标语，选用合适的背景和字体，在宣传的文字中，可以适当运用改变字体颜色、字体加粗等手段突出所要表达的主题。

看板内容： 标语、部门等。

位　　置： 根据制作标语的目的，置于相关人员经常出入的场所。

高　　度： 中心高度为 2200mm 左右。

实际案例

2.4.4 安全须知看板

应用对象

适用于生产区域入口安全须知看板。

规范要求

标准类型：建议标准。

材　　料：

（1）铝板覆 3M 反光膜，双面牌，侧面密封封边。

（2）支架材料：镀锌方管，顶部封边。

规　　格：1200mm（宽）×2000mm（高），两块，根据现场实际情况确定。

看板内容：公司 LOGO、进入须知、安全警示标志、穿戴标准、整容镜等。

实际案例

2.4.5 部门管理看板

应用对象

适用于职能部门管理看板。

规范要求

标准类型： 建议标准。

材　　料： 亚克力 + 写真喷绘。

规　　格： 2600mm（长）×1300mm（宽），根据现场实际情况确定。

看板内容： 部门简介、员工风采、安全管理等，根据内容设计调整。

实际案例

2.4.6 班组建设看板

应用对象

适用于班组看板的制定和打造。

规范要求

标准类型： 建议标准。

材　　料： PVC、亚克力或其他材料。

规　　格： 根据办公墙面整体设计。

内　　容： 部门简介、工作职责、团队介绍、员工风采、工作计划、人才育成、安全管理等。

实际案例

2.4.7 员工管理看板

应用对象

经常有员工出差的部门、经常有员工调休或是倒班生产班组。

规范要求

标准类型： 建议标准。

材　　料： 建议使用磁性贴或滑块，便于人员去向变动时的调整。

看板内容： 根据自身人员去向情况，确定看板内容。

位　　置： 将看板置于部门的门口或人员卡位前，便于来访人员查看。

实际案例

人员去向表

姓名	岗位	电话	出勤	休息	外出	现场	学习	备注
×××	×××	×××					★	
×××	×××	×××		★				
×××	×××	×××				★		
×××	×××	×××			★			
×××	×××	×××	★					

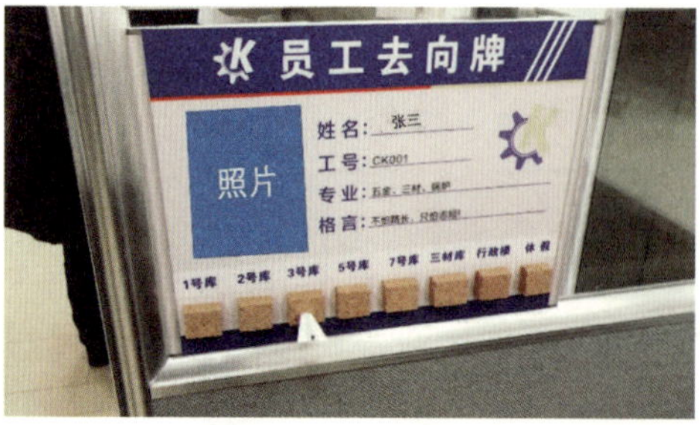

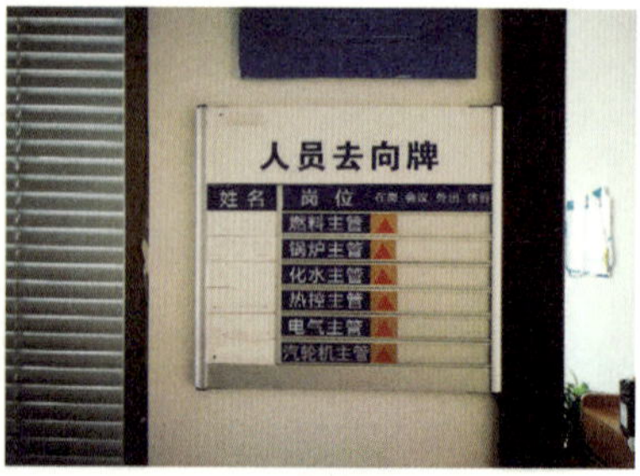

2.4.8 责任区域平面图看板

应用对象

各职能部门、各事业部。

规范要求

标准类型： 建议标准。

材　　料： 根据情况合理选择。

规　　格： 根据看板的内容和版面设计的要求决定看板大小。

要　　求：

（1）看板内容：标题、区域平面图、责任区域划分、比例尺、图例等。

（2）制作要求：版面设计按照区域的平面图，以及整体的布局，运用颜色块区分的手段，在图上标示出各个物品和区域。需要注意的是可以根据自身区域的特点，运用增大字体、加深颜色等手段，突出所要表达信息。例如，仓库平面图可以着重表达出各个库位，这样可以缩短查找货物的时间，而办公室平面图可以着重表达各个部门的位置，或者工作人员所在位置。

（3）安装要求：将看板设置于部门重要通道旁，便于查看。看板中心离地面高度在 1500mm 左右。

示范图解

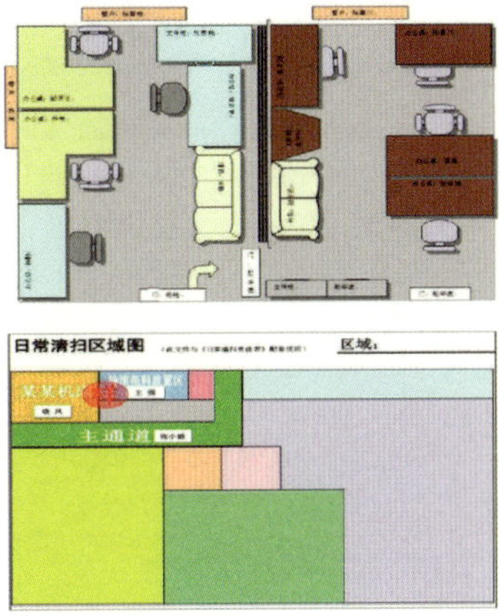

实际案例

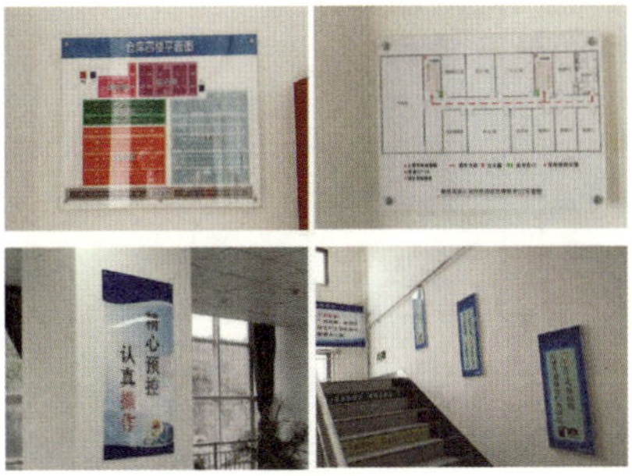

2.4.9 制度类看板

应用对象

各职能部门、各事业部。

规范要求

标准类型：建议标准。

材　　料：根据实际情况合理选择。

规　　格：参考尺寸，楼梯间或走廊内看板 600mm（宽）×900mm（高）；主通道内看板长为 1500mm~2000mm。

要　　求：

（1）内容包括公司名称及 LOGO、制度标题、制度正文、责任部门等。

（2）版面设计首先根据制度的类型，选择合适的背景，要使整体看起来协调、美观；然后再根据版面的大小来对内容进行排版，要使内容能清晰地表达出来。

示范图解

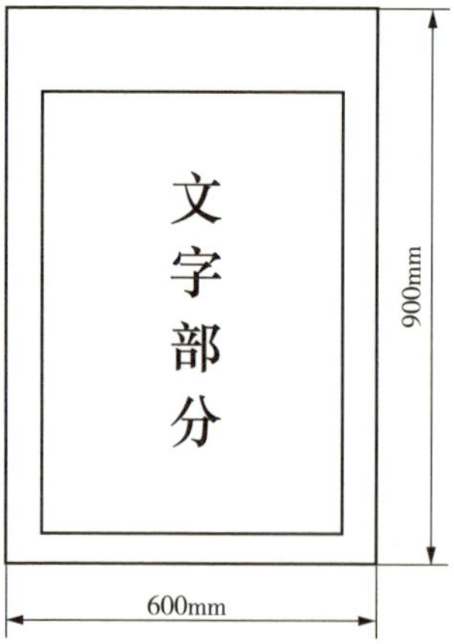

实际案例

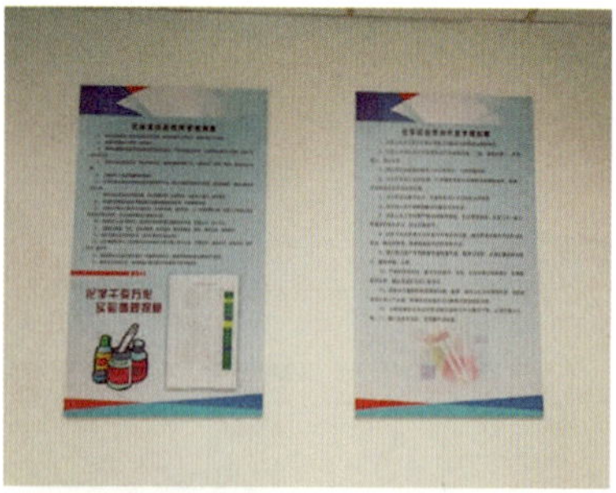

2.4.10 7S 推行看板

应用对象

各职能部门、各事业部。

规范要求

标准类型：建议标准。

材　　料：钢结构主架 + 亚克力 + 写真喷绘。

规　　格：2400mm（长）×1200mm（宽），可根据实际情况调整。

内　　容：项目推进情况、最新活动、7S 宣传资料、7S 组织架构、整改前后对比、清洁标准及点检表等。

位　　置：放置于部门重要通道旁。

实际案例

2.5 油漆使用规范

2.5.1 地面刷漆

应用对象

地面刷漆。

规范要求

标准类型：建议标准。

材　　料：水性地坪漆、环氧地坪漆、油漆稀释剂、刷漆滚筒、刮刀、油漆刷子。

规　　格：

（1）薄涂地坪：一般厚度为0.2mm~0.5mm，最厚不超过1mm。

（2）环氧砂浆地坪：一般厚度为1.0mm~3.0mm，最厚不超过5mm。必须专业队伍施工。

（3）环氧自流平地坪：一般厚度为1.5mm~2.0mm，最厚不超过5mm。必须专业队伍施工。

要　　求（仅供施工参考）：

（1）颜色。安全通道为绿色，其他区域自定。

（2）制作要求。环氧砂浆地坪和环氧自流平地坪必须请专业队伍施工，这里仅对企业自己员工可以施工的薄涂地坪进行描述。

1）基层要求：保证刷漆场地基础厚度与硬度达到施工要求，混凝土基层必须坚固、密实、平整，不应有起砂、起壳、裂缝、蜂窝麻面等现象。水泥找平层水泥砂浆强度足够32.5MPa以上，2m直尺测量空缝不大于3mm。

2）场地表面清理：

a. 用扫把将需刷漆场所的垃圾清理干净。

b. 用拖把和抹布将灰尘污迹擦干净。

c. 对地面有发黑霉变的，需要进行酸洗，然后用清水洗干净并风干。

d. 仔细检查地面，无起粉、起砂现象，平整、干燥干净。

3）刷漆区域边沿及非刷漆部位防护：根据实际刷漆的需要，在刷漆部位的边缘用胶纸贴出线条轮廓。为防止非刷漆部位被油漆污染，应用塑料布、胶带等进行遮挡或覆盖。胶纸要贴紧，以避免油漆渗入，造成“毛边”。

4）调漆：用适当的容器，将漆、固化剂（油宝）、天拿水按一定比例配好，混合后搅拌均匀（时间大约为 10min）。停留 30min 使其化学反应完全。

a. 推荐比例 1：漆（A）+ 固化剂（B）+ 天拿水（C）= 3∶1∶1.5

——常用于装配车间、现场办公室。

b. 推荐比例 2：漆（A）+ 固化剂（B）+ 天拿水（C）= 4∶1∶2

——常用于加工车间、库房。

c. 在铁板上刷漆时，油漆稀释剂比在水泥地板上略多一些，必要时应先局部试验。

d. 水性地坪漆有适量清水混合搅拌均匀即可。

5）刷漆：

a. 大面积刷漆：地坪漆涂刷一般两遍底漆、两遍中涂层、两遍面涂，但自己员工涂刷会做简化处理，涂刷三遍面漆。

采用滚动刷法，用滚动刷在地面滚均匀，一般要滚 3 次以上，此法方便快捷，但漆会厚一些。

b. 修补或刷线：采用刷子刷法，用刷子在地面上刷均匀，不能太厚。此法较慢，对小面积或要求较高的，采用此法。刷后 12h 可通行。刷漆过程中，每隔 10min 要将容器中的漆再搅一遍，防止沉淀；12h 内要使用的，漆一定要刷薄。

6）刷完后防护：刷完后场所应设置路障隔离，并设立“油漆未干”告示牌，防止踩踏。

7）使用前检查：

a. 用手按，不粘手，且无陷入的指纹状，说明基本干了，行人可通行。

b. 用拇指指甲重划，无明显划痕，说明油漆已干，叉车可通行。

注　　意：

（1）刷前地面无灰尘，垃圾；刷漆前地面要铺上纸张，防止油漆滴到地面上。

（2）油漆未干前，设置必要路障及提示，严禁行人踩踏，动力车禁止通行。

（3）调漆一定按要求比例，需停留 30min 后方可使用。

（4）金属（如铁板）的表面及水泥地板均可用的漆为磁性漆。

（5）一瓶油漆（约为 4L）配合油宝（每瓶为 1.2L~1.4L）和油漆稀释剂（每瓶约 4L），若无任何浪费，可刷面积为 $40m^2$。

（6）油宝即为固化剂，作用是让漆固化在附着物上，并让漆在干后能有光泽。若太少则无光泽，若太多漆会较硬，容易剥落。

（7）油漆稀释剂主要为了帮助漆的挥发，便于快干，同时也让刷漆更顺畅。若油漆稀释剂太少，漆很难刷均匀，易出现一团一团的块状，此时需加油漆稀释剂再调配；若油漆稀释剂太多，刷漆会过于顺畅，漆会自动流动，从而会出现因流动而产生的漆痕，此时需加些油宝漆。

（8）购买漆时应注意有效期，过有效期的漆很难凝固。

（9）购买漆时就注意所需的颜色，尽可能直接购买接近所需颜色的漆。一般颜色均是调和后的，但是调色技术，非专业人员不是马上能掌握的，因此调色时注意记录使用漆的各种体积比。当调到所需色彩时，应记录下来，以便将来使用。

（10）在铁板上刷漆时一般用毛刷，常用的有 5 寸、3 寸、2 寸的毛刷。在地板、墙面上刷时常用滚筒式。

2.5.2 设备刷漆

应用对象

设备 / 用具表面刷漆。

规范要求

标准类型：建议标准。

材　　料：

（1）面漆：喷涂酚醛树脂改性的醇酸磁漆。

（2）底漆：面漆醇酸磁漆适用各种油性、醇酸、酚醛、环氧酯、环氧云铁等底漆，根据具体情况进行选择。

规　　格：底漆干膜厚度约 60μm，如果不考虑实际施工时的涂装环境、涂装方法、涂装技术、表面状况及结构、形状、表面积大小等的影响，一般消耗底漆量约为 0.25kg/m^2。

要　　求（仅供施工参考）：

（1）施工流程：

基层处理 → 修补防锈漆 → 修补腻子 → 刮腻子 → 磨砂纸 → 第一遍油漆 → 最后一遍油漆

（2）操作工艺：

1）基层处理：金属表面的处理，除油脂、污垢、锈蚀外，最重要的是表面氧化皮的清除，常用的办法有机械和手工清除、火焰清除、喷砂清除 3 种。根据不同基层要彻底除锈、满喷（或刷）防锈漆 1 道 ~2 道。

2）修补防锈漆：对安装过程的焊点、防锈漆磨损处进行焊渣清除，有锈时除锈，补 1 道 ~2 道防锈漆。

3）修补腻子：将金属表面的砂眼、凹坑、缺棱拼缝等处找补腻子，做到基本平整。

4）刮腻子：用开刀或胶皮刮板满刮一遍石膏或油腻子，要刮得薄，收得干净，均匀平整。

5）磨砂纸：用 1 号砂纸轻轻打磨，将多余腻子打掉，并清理干净灰尘。注意保护棱角，达到表面平整、光滑，线角平直、整齐一致。

6）磨最后一道砂纸：用 320 目砂纸打磨，注意保护棱角，达到表面平整光滑，线角平直，整齐一致。由于是最后一道，砂纸要轻磨，磨完后用湿布打扫干净。

7）第一遍油漆：要厚薄均匀，线角处要薄一些但要 盖底，不出现流淌，不显刷痕。

8）最后一遍油漆：要多喷，喷油饱满，不流不坠，光亮均匀，色泽一致。如有毛病要及时修整。

9）冬季施工：冬期施工室内油漆工程，应在采暖条件下进行，室温保持均衡，一般油漆施工的环境温度不宜低于 10℃，相对湿度不宜大于 60%，应设专人负责测温和通风工作。

（3）成品保护：

1）刷饰涂料前，要先清理好周围环境，涂料干燥前，应防止雨淋、尘土沾污和热空气的侵袭。

2）每遍油漆刷完后，所有能活动的门扇及木饰面成品都应该临时固定，防止油漆面相互黏结影响质量。必要时设置警告牌。

3）油漆完成后应派人专人负责看管，严禁摸碰。

（4）注意事项：

1）喷漆使用的底漆都要掺稀，按照使用说明勾兑，以使漆能顺利喷出为准，但不能过稀或过稠。

2）底漆、腻子、面漆要配套使用。例如：醇酸底漆用松香水，硝基漆要用香蕉水。

3）漆开桶后，发现不洁现象，要用 120 目铜丝箩过滤。

4）喷漆面的电镀品、玻璃、不锈钢件等可用凡士林、润滑油涂抹或用纸贴盖。

3

PART

生产区域 7S 管理规范

3.1 发电机组区域管理规范

3.1.1 区域环境

应用对象

适用于燃气发电机组区域。

规范要求

标准类型：强制标准。

要　　求：

（1）地面干净，无积水，无杂物，区域划分清晰。

（2）发电机组及落地安装的转动机械周围应设置安全警戒线，警戒线宽为100mm~150mm，中黄色（瓷砖地面可使用中黄色反光胶带标注）。

（3）目视化标识完整、清晰。

实际案例

3.1.2 设备本体

应用对象

适用于燃气发电机组设备本体。

规范要求

标准类型：强制标准。

要　　求：

（1）设备无缺陷，外观完整。

（2）设备部件完好，无缺损、变形，无跑、冒、滴、漏现象。

（3）设备表面无积灰、油渍，设备见本色。

实际案例

3.2 燃气轮机组区域管理规范

3.2.1 区域环境

应用对象

适用于燃气轮机组区域。

规范要求

标准类型：强制标准。

要　　求：

（1）地面干净，无积水，无杂物，区域划分清晰。

（2）燃气轮机组平台设置安全护栏，高度不低于 1200mm。

（3）楼梯及扶手设置安全警示牌及指向性标志牌。

（4）目视化标识完整、清晰。

实际案例

3.2.2 设备本体

应用对象

适用于燃气轮机本体区域。

规范要求

标准类型：强制标准。

要　　求：

（1）设备无缺陷，外观完整。

（2）设备部件完好，无缺损、变形，无跑、冒、滴、漏现象。

（3）设备表面无积灰、油渍，设备见本色。

实际案例

3.3　高压给水泵组区域管理规范

3.3.1　设备本体

应用对象

适用于高压给水泵组设备本体。

规范要求

标准类型： 强制标准。

要　　求：

（1）设备无缺陷，外观完整，部件完好，无缺损、变形，无跑、冒、滴、漏现象。

（2）设备表面无积灰、油渍，设备见本色。

实际案例

3.3.2 管道

应用对象

适用于高压给水泵组管道。

规范要求

标准类型： 强制标准。

要　　求：

（1）设备无缺陷，外观完整，部件完好，无缺损、变形，无跑、冒、滴、漏现象。

（2）设备表面无积灰、油渍，设备见本色。

实际案例

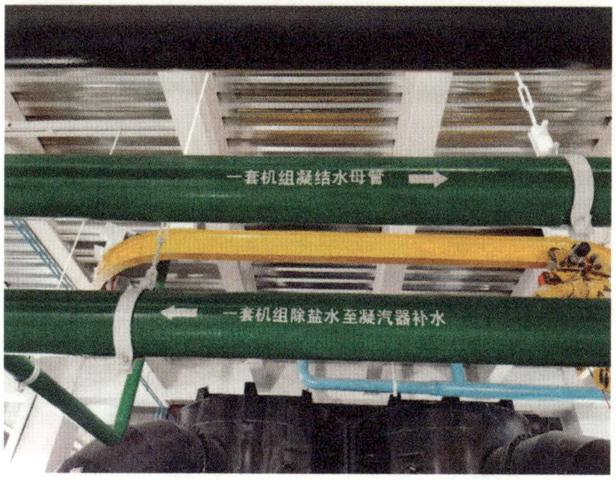

3.3.3 管道保温

应用对象

适用于高压给水泵组管道保温层。

规范要求

标准类型：强制标准。

要　　求：

（1）保温厚度及材料应符合要求。

（2）保温表面温度应符合规定。

（3）保温无破损、变形，保温表面无积粉、水渍、油渍等脏污。

实际案例

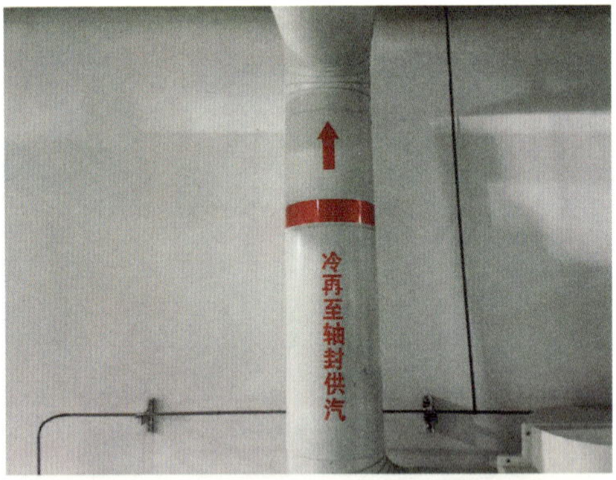

3.3.4 点检标识

应用对象

适用于高压给水泵组目视化点检标识。

规范要求

标准类型： 强制标准。

要　　求：

（1）设备点检标识应清晰，表面无脏污、无脱落缺损。

（2）标识文字简洁明了，放置在便于查看位置。

（3）巡检路线完整、规范，不走回头路。

（4）仪表目视化数据准确。

（5）目视化标识完整、清晰。

实际案例

3.4 润滑油模块区域管理规范

3.4.1 区域环境

应用对象

适用于润滑油模块区域环境。

规范要求

标准类型：强制标准。

要　　求：

（1）墙面、地面干净整洁，无积水，无杂物，区域划分清晰。

（2）基座干净整洁、平整，无油污，无杂物，照明设施完好。

实际案例

3.4.2 设备本体

应用对象

适用于润滑油设备本体。

规范要求

标准类型：强制标准。

要　　求：

（1）地面整洁，无垃圾、积水，无随意放置物品。

（2）平台栏杆按规定颜色涂刷。

（3）系统设备标识、管道标识、安全标志等清晰、完整。

（4）设备外观完整，无积灰、油渍，设备见本色；部件完好，无缺损、变形。

（5）基座瓷砖完好，无跑、冒、滴、漏现象。

（6）各类仪表完好，按要求标识。

（7）阀门、手轮完好，标识清晰。

（8）平台通道上防踏空、防绊标识完整。

实际案例

3.4.3 管道及阀门

应用对象

适用于润滑油油站区域的管道及阀门。

规范要求

标准类型：强制标准。

要　　求：

（1）管道表面无积灰、油渍、锈迹，管道无渗漏缺陷。

（2）管道刷漆防腐颜色应与管道内介质相对应并标明介质流向、管道名称。

（3）操作手轮上应涂刷红色油漆并用白色油漆标识开、关方向。

（4）阀门外观完整，手轮无缺损，阀门无渗漏缺陷。

（5）阀门名称标识清晰、齐全、准确。

实际案例

3.5 天然气调压站区域管理规范

3.5.1 区域环境

应用对象

适用于天然气压力调节站区域。

规范要求

标准类型：强制标准。

要　　求：

（1）出入口应装设建筑物标志牌，入口醒目位置应按规定装设“未经许可不得入内”“禁止烟火”等安全标志牌及进入相关安全要求。

（2）入口处必须安装静电消除装置。

（3）地面整洁，无垃圾、无积水、无随意放置物品。

（4）各类设施完好，无缺陷，无渗漏，阀门标识清晰。

实际案例

3.5.2 设备本体

应用对象

适用于天然气压力调节站设备区域。

规范要求

标准类型：强制标准。

要　　求：

（1）地面整洁，无垃圾、无积水、无随意放置物品。

（2）各类设施完好、无缺陷、无渗漏，阀门标识清晰。

（3）所有的法兰连接处用黄色密封胶带缠绕，并预留一个监测孔。

（4）所有的螺栓用润滑油涂抹，并用锡箔纸进行包裹。

（5）入地的管道必须按要求采取特别的防腐保护措施。

实际案例

3.6 天然气前置模块区域管理规范

3.6.1 区域环境

应用对象

适用于天然气前置模块区域。

规范要求

标准类型：强制标准。

要　　求：

（1）出入口应装设建筑物标志牌，入口醒目位置应按规定装设“未经许可不得入内”“禁止烟火”等安全标志牌及进入安全要求。

（2）入口处必须安装静电消除装置。

（3）地面整洁，无垃圾、无积水、无随意放置物品。

（4）各类设施完好、无缺陷、无渗漏，阀门标识清晰。

实际案例

3.6.2 设备本体

应用对象

适用于天然气前置模块设备区域。

规范要求

标准类型：强制标准。

要　　求：

（1）地面整洁，无垃圾、无积水、无随意放置物品。

（2）各类设施完好、无缺陷、无渗漏，阀门标识清晰。

（3）所有的法兰连接处用黄色密封胶带缠绕，并预留一个监测孔。

（4）所有的螺栓用润滑油涂抹，并用锡箔纸进行包裹。

（5）入地的管道必须按要求采取特别的防腐保护措施。

实际案例

3.7 制氢站区域管理规范

3.7.1 区域环境

应用对象

适用于制氢站区域。

规范要求

标准类型：强制标准。

要　　求：

（1）出入口应装设建筑物标志牌，入口醒目位置应按规定装设“未经许可　不得入内”“禁止烟火”“禁止使用通信设备”等安全标志牌及进入相关安全要求。

（2）入口处必须安装静电消除装置。

（3）氢站 30m 范围内严禁烟火。

（4）地面整洁，无垃圾、无积水、无随意放置物品。

（5）各类设施完好、无缺陷、无渗漏，阀门标识清晰。

实际案例

3.7.2 氢站罐区

应用对象

适用于氢站内部贮罐区域。

规范要求

标准类型： 强制标准。

要　　求：

（1）出入口应装设建筑物标志牌，入口醒目位置应按规定装设“未经许可 不得入内”“禁止烟火”等安全标志牌及进入安全规定。

（2）地面整洁，无垃圾、无积水、无随意放置物品。

（3）各类设施完好、无缺陷。

（4）氢罐应涂刷成白色，罐体应有设备标志牌。基座涂刷黄黑相间色。

（5）氢气管道涂刷橙色，并设置介质名称、流向及危险标识。

（6）阀门标识清晰，无渗漏。

（7）接地线按规定涂刷黄绿色，并有接地标志牌。

实际案例

3.8 凝结水贮水箱区域管理规范

3.8.1 区域环境

应用对象

适用于贮水箱区域。

规范要求

标准类型：强制标准。

要　　求：

（1）地面、基座整洁，无明显缺陷；现场无垃圾、积水，无随意放置物品。设备完好，无缺陷。

（2）表计无破损，指示正确，状态标识、检定标识完整。

（3）电动机、水泵、管道、阀门、底座、梯子涂刷规定的颜色。

（4）阀门、手轮完好，标识清晰。

（5）各类设施完好、无渗漏，阀门标识清晰。

实际案例

3.8.2 设备本体

应用对象

适用于机组凝结水贮水箱。

规范要求

标准类型： 强制标准。

要　　求：

（1）水箱、阀门、管道、底座、爬梯、栏杆涂刷规定的颜色。

（2）表计无破损，指示正确，状态标识、检定标识完整。

（3）设备、管道、阀门标识清晰、完整。

实际案例

3.9 酸碱罐区域管理规范

3.9.1 区域环境

应用对象

适用于酸碱罐区域。

规范要求

标准类型：强制标准。

要　　求：

（1）地面、基座整洁，无明显缺陷；现场无垃圾、积水，无随意放置物品。设备完好，无缺陷。

（2）其他设施，如阀门、爬梯、接地装置、支架、底座、平台、喷淋装置等按相关规定涂刷底色和进行标识。

（3）设备本体外观完整，部件完好，无缺损，无跑、冒、滴、漏现象。

（4）建立区域清洁制度，明确责任人。

实际案例

3.9.2 设备本体

应用对象

适用于酸碱罐区域。

规范要求

标准类型：强制标准。

要　　求：

（1）酸碱罐区围栏应装设区域名称标识、“当心腐蚀”等安全标志牌、装卸安全操作提示卡和职业病危害告知卡。

（2）罐体上应装设设备标志牌，标志牌安装在罐体中部。

（3）围栏涂刷红白相间禁止色，酸罐涂刷红色，碱罐涂刷黄色，次氯酸钠罐涂刷绿色。

（4）酸、碱和次氯酸钠管道分别涂刷红、黄、绿色，进行介质名称及流向标识，并进行危险化学品介质标识。

实际案例

3.10 化学水处理区域管理规范

3.10.1 除盐制水车间

应用对象

适用于除盐制水车间区域。

规范要求

标准类型：强制标准。

要　　求：

（1）地面、基座整洁，无明显缺陷；现场无垃圾、积水，无随意放置物品。设备完好，阀门、手轮完好，标识清晰、无缺陷。

（2）表计无破损，指示正确，状态标识、检定标识完整。

（3）电动机、水泵、管道、阀门、底座、梯子涂刷规定的颜色。

（4）通道两侧画宽 100mm 黄线。

（5）各类罐体按标准要求标识名称、编号、类别等。

（6）管道名称、介质流向必须满足标准的要求。

实际案例

3.10.2 化学水泵房

应用对象

适用于化学水泵房区域。

规范要求

标准类型：强制标准。

要　　求：

（1）地面、基座整洁，无明显缺陷；现场无垃圾、积水，无随意放置物品。设备完好，无缺陷。

（2）表计无破损，指示正确，状态标识、检定标识完整。

（3）电动机、水泵、管道、阀门、底座、梯子涂刷规定的颜色。

（4）阀门、手轮完好，标识清晰。

（5）各类设施完好、无渗漏，阀门标识清晰。

实际案例

3.10.3 酸碱计量间

应用对象

适用于酸碱计量间区域。

规范要求

标准类型：强制标准。

要　　求：

（1）地面、基座整洁，无明显缺陷；现场无垃圾、积水，无随意放置物品。设备完好，阀门、手轮完好，标识清晰、无缺陷。

（2）表计无破损，指示正确，状态标识、检定标识完整。

（3）电动机、水泵、管道、阀门、底座、梯子涂刷规定的颜色。

（4）各类罐体按标准要求标识名称、编号、类别等。

实际案例

3.11 化学控制室区域管理规范

应用对象

适用于化学控制室。

规范要求

标准类型：强制标准。

要　　求：

（1）现场无垃圾、积水，无随意放置物品。

（2）控制台桌面上显示器、鼠标、电话、键盘、杯子、文件盒等可移动物件均用图标隐形定位。计算机连接线按要求捆扎、标识。控制台周围按要求画警戒线。

（3）工具柜分类存放工具，采用形迹定位。试验仪器有试验合格标识，并设有易取的台账目录记录相关信息。

（4）按规定配置急救药箱，急救药箱有标识牌。箱内设置药品清单、药品补充 / 领用 / 处置记录。

（5）看板的设置、内容、维护更新符合相关规定。

实际案例

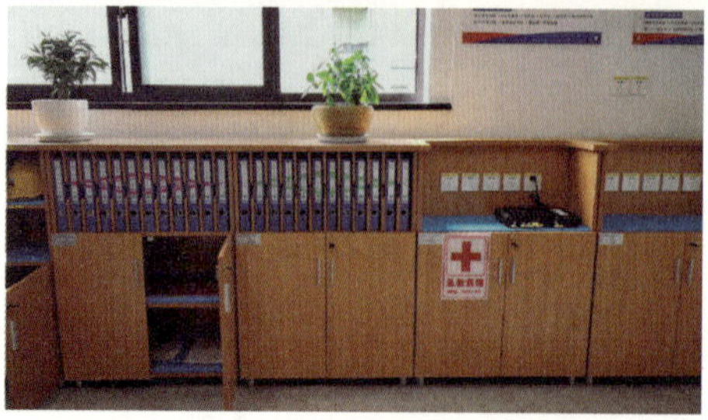

3.12 集控室区域管理规范

3.12.1 集控大厅

应用对象

适用于集控中心区域。

规范要求

标准类型：强制标准。

要　　求：

（1）整体环境干净、整洁；地面、门窗、玻璃、天花板整洁完好；控制台面无其他相关物品。

（2）大门有集控室名称标识、推拉标识及门腰线标识。

（3）控制台、值长台、办票台有黄色区域线分隔。

（4）主机柜外观整洁，计算机插座及数据电源线离地定置。数据线集束管理，线缆末端有明确标识。

（5）照明开关整洁、完好，有明确的开关指示标识及控制对象标识。

实际案例

3.12.2 工程师站

应用对象

适用于工程师站区域。

规范要求

标准类型：强制标准。

要　　求：

（1）整体环境干净、整洁；地面、门窗、玻璃、天花板整洁完好。

（2）大门有办公室名称标识、推拉标识及安全措施要求。

（3）控制台有黄色区域线分隔。

（4）主机柜外观整洁，计算机插座及数据电源线离地定置。数据线集束管理，线缆末端有明确标识。

（5）照明开关整洁完好，有明确的开关指示标识及控制对象标识。

实际案例

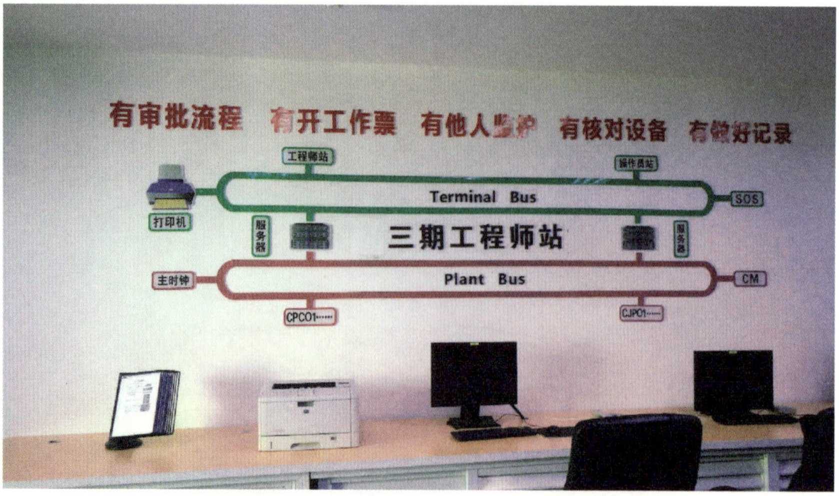

3.13 配电室区域管理规范

3.13.1 区域环境

应用对象

适用于 6kV/380V 等配电间区域。

规范要求

标准类型：强制标准。

要　　求：

（1）整体干净、整洁，地面无积水、积灰、杂物。

（2）区域划分合理，设施及物品定置定位清晰。

（3）距离盘柜 800mm 处应设置安全警戒线，不足 800mm 则按现场实际确定，警戒线为宽度 100mm 中黄色实线，水泥地面刷漆，木地板、地砖、地胶等用胶带。

（4）安全通道明确，有出口指向标识。

实际案例

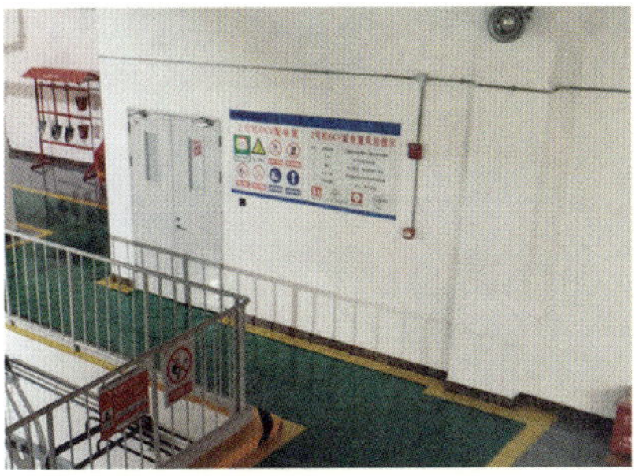

3.13.2 三合一综合标识牌

应用对象

适用于 6kV/380V 等配电间区域。

规范要求

标准类型：建议标准。

材　　料：不锈钢、亚克力、铝板、PVC 等。

规　　格：参考 600mm（宽）×900mm（高），也可根据现场的实际情况进行调整。

要　　求：公司 LOGO、区域名称、区域责任人、进入穿戴安全防护要求、重点防火单位、安全警示标识排列顺序必须符合相关国家标准要求。

示范图解

实际案例

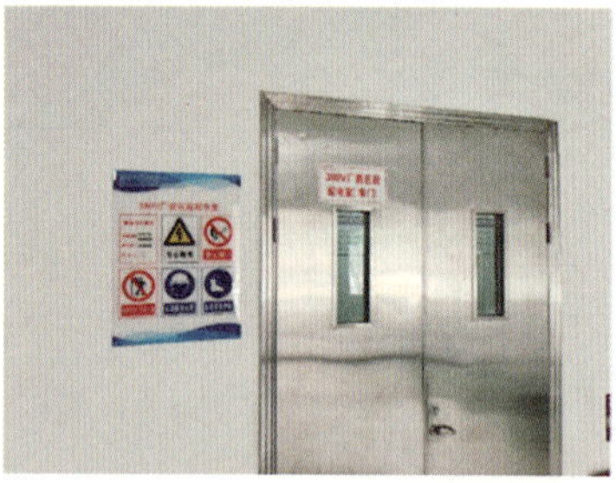

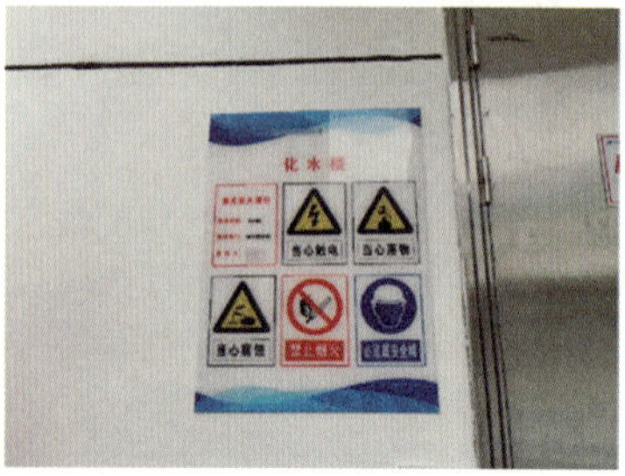

3.13.3 红外语音播报

应用对象

适用于 6kV/380V 等配电间区域。

规范要求

标准类型：强制标准。

材　　料：红外线语音播报器。

规　　格：配 12V 电源或用充电电池。

方　　法：采用语音录制“你已进入 ×× 区域，请再次确认”。

要　　求：在进入配电室的门口处，安装红外线语音播报器，提醒进入者确认好区域间隔，有效防止走错区域。

实际案例

3.13.4 防鼠板

应用对象

适用于 6kV/380V 等配电间区域。

规范要求

标准类型：强制标准。

材　　料：黄黑相间反光胶带。

规　　格：黄黑线宽 50mm。

方　　法：量长度，裁剪反光胶带，粘贴。

要　　求：各电气配电室、电子间、继保间等门口应设置（高度不低于 400mm）防小动物挡板，上部有宽 50mm 的防绊线。

实际案例

3.13.5　盘柜

应用对象

适用于 6kV/380V 等配电间区域盘柜。

规范要求

标准类型： 强制标准。

要　　求：

（1）盘柜编码正确、统一整齐，安全标志牌悬挂位置整体统一。

（2）盘柜整洁、完好，文字内容与盘柜对应正确，字迹工整、醒目。

（3）盘柜四周应设有黄色警示线，线宽 100mm，高压配电柜警示线在距离盘柜 800mm 处设置安全警示线，不足 800mm 按现场实际确定。

实际案例

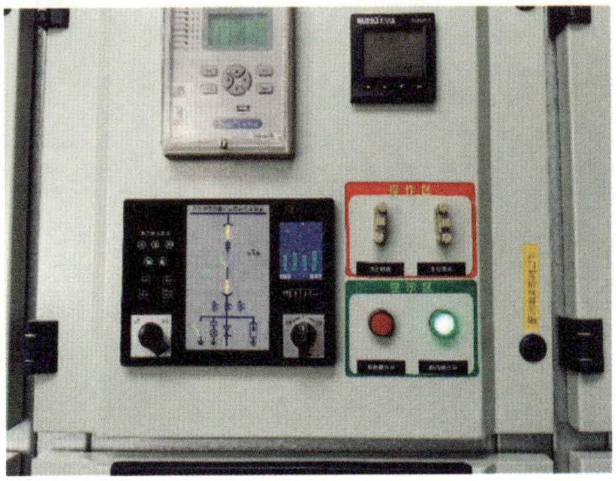

3.13.6 盘柜标识

应用对象

适用于 6kV/380V 等配电间区域盘柜面板及内部标识。

规范要求

标准类型：强制标准。

要　　求：

（1）盘柜的正面及背面各电气设备、端子排等应标明编号、名称、用途及操作位置，其标明的字迹应清晰、工整，且不易褪色。

（2）盘柜端子排无损坏，固定牢靠，绝缘良好，端子有序号，便于更换且接线方便。

（3）目视化标识完整、清晰。

实际案例

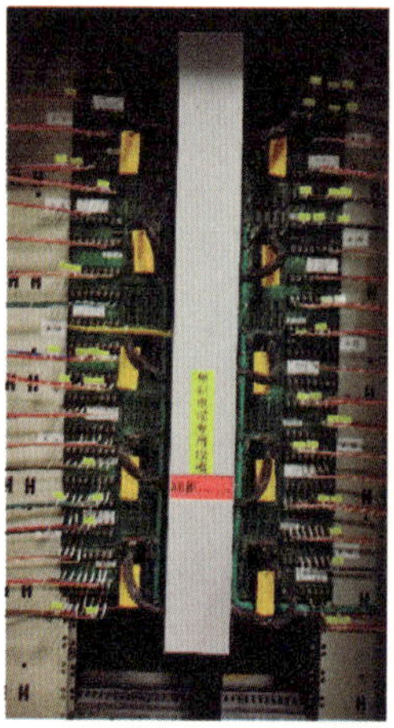

3.14 电子间区域管理规范

应用对象

适用于所有电子设备室。

规范要求

标准类型：强制标准。

要　　求：

（1）整体干净、整洁，地面无积水、积灰、杂物。

（2）区域划分合理，设施及物品定置、定位清晰。

（3）在进入电子间的门口处，安装红外线语音播报器，提醒进入者确认好区域间隔，有效防止走错区域。

（4）设备间入口醒目位置应装设区域名称标志牌和“未经许可　不得入内”“穿绝缘劳保鞋”“戴安全帽”等三合一安全标志牌。

（5）电子间入口设置 400mm 高的防小动物挡板，挡板上边缘正反面，粘贴宽 100mm 黄黑相间 45° 角的反光胶带，挡板上贴安全警示语“当心碰脚”。

（6）盘柜的门设置当心触电标志，把手边粘贴有“并柜前请确认间隔”提示标识。

实际案例

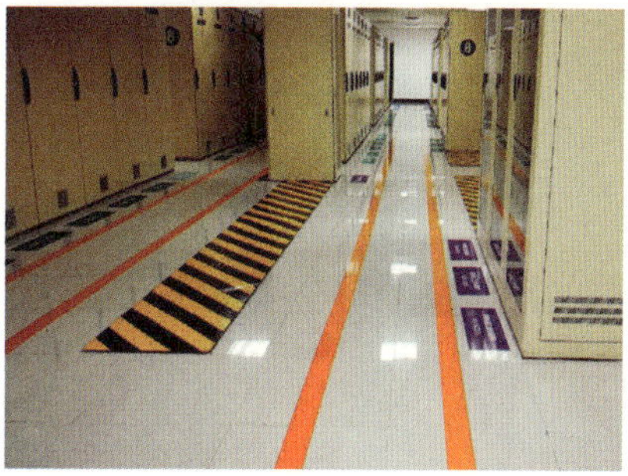

3.15 蓄电池间区域管理规范

应用对象

适用于蓄电池室、电池间等。

规范要求

标准类型：强制标准。

要　　求：

（1）蓄电池室地面干净、整洁，无异常酸味，无电解液泄漏，房间应配置温湿度计，并明确正确的温湿度范围值参数。

（2）蓄电池组的整组名称及编号的标识牌应设置在固定、显目位置，如蓄电池组固定支架前端部，避免张贴在蓄电池组本体上。

（3）设备周围用宽 50mm 的黄线设置安全操作警示区。

（4）电池组的正负极必须按标准要求进行颜色区分。

（5）蓄电池室内应安装有点巡检看板、危险源辨识、点检的参数等。

实际案例

3.16 消防气瓶区域管理规范

应用对象

适用于消防钢瓶区、消防气体房等区域。

规范要求

标准类型：强制标准。

要　　求：

（1）地面干净，无积水，无杂物，区域划分清晰。

（2）气体机房墙壁上醒目位置设置消防系统图和危险点识别卡。

（3）气体管道有介质及流向标识。管道按规定涂刷红色。

（4）模块箱按通用要求进行标识，设置接线图。消防模块箱箱盖上设置转换按钮转换状态标识和控制区域标识。

（5）主用气瓶架和备用气瓶架应有标识。

（6）气瓶气压、重量在有效范围内，气瓶在检定有效期内。

实际案例

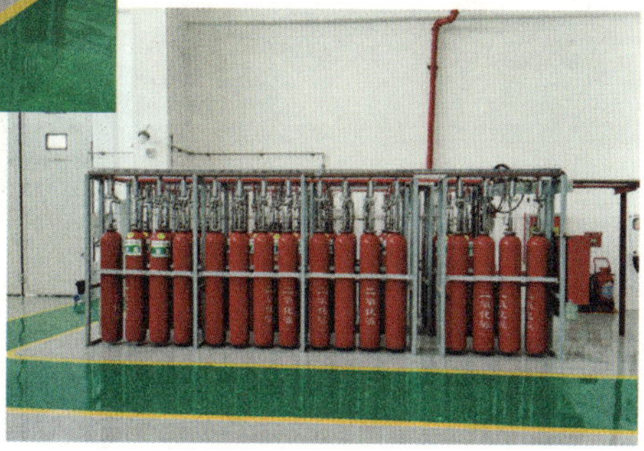

3.17 CO_2 灭火装置管理规范

应用对象

适用于 CO_2 灭火装置区域。

规范要求

标准类型： 强制标准。

要　　求：

（1）主要设备配有清晰的铭牌标识。

（2）现场地面整洁，无明显缺陷，无垃圾、积水，无随意放置物品。设备完好，无缺陷。

（3）表计无破损，指示正确，状态标识、检定标识完整。

（4）设备、底座、梯子涂刷规定的颜色。

（5）阀门、手轮完好，标识清晰。

（6）安全阀检定标识清晰、完整。

（7）盘柜带电指示、状态指示、按钮等正常，标识清晰。

实际案例

3.18　主变压器、升压变电站区域管理规范

3.18.1　区域环境

应用对象

适用于主变压器、升压变电站区域。

规范要求

标准类型：强制标准。

要　　求：

（1）地面整洁，无垃圾、积水，无随意放置物品。

（2）本体油漆涂刷完整，无锈蚀，无剥落。

（3）管道表面无积灰、油渍、锈迹，介质名称、流向标识清晰。

实际案例

3.18.2 设备本体

应用对象

适用于主变压器、升压变电站区域。

规范要求

标准类型：强制标准。

要　　求：

（1）本体油漆涂刷完整，无锈蚀，无剥落。

（2）本体、盘柜、油温控制器等主要部件配有清晰的铭牌标识。

（3）本体各管路、阀门、法兰无跑冒滴漏现象。

（4）事故油池鹅卵石铺设平整，大小均匀，事故排油口有标识。

（5）阀门完好，标识清晰。

（6）管道表面无积灰、油渍、锈迹，介质名称、流向标识清晰。

（7）表计无破损，指示正确，状态标识、检定标识完整。

（8）按要求配置消防沙箱、沙桶、铲子。

（9）架线杆塔应有编号、电压、ABC 三色相序等标识。爬梯闭锁并设有相应安全提示标识。

实际案例

4

PART

办公区域 7S 管理规范

4.1 厂区环境管理规范

4.1.1 公司大门

应用对象

适用于公司大门区域。

规范要求

标准类型：建议标准。

要　　求：

（1）大门路面平整，保持清洁、无杂物、无积水，道路通畅。

（2）大门入口应设置入厂手续办理流程图，“来宾登记”“停车检查”“车辆限速”“出入厂管理规定、入厂须知公告牌”，入口设置门岗，岗台用不锈钢材质。

（3）厂区门口设置禁止停车网状线，颜色为黄色，外围线宽 150mm~200mm，内部网格线宽 120mm，与外边框成 45°，斜线间隔 1000mm~2000mm。

（4）车辆出入口使用伸缩门和起落杆，并用黄黑条纹警示线进行标识。

（5）员工出入口设置刷卡翼闸门，员工刷卡进出。

实际案例

4.1.2 厂内道路

应用对象

适用于厂区主干道、辅助道路。

规范要求

标准类型：强制标准。

要　　求：

（1）路面保持清洁无杂物、无积水，路面完好、通畅。

（2）路肩完整无破损，用黄、黑两色相间条纹目视化标识。

（3）路面标识线完整、清晰。

（4）车辆行驶的交叉入口立黑白相间的防撞柱。

（5）一道门岗设立停车检查指示牌。

（6）道路按要求设置限速牌、路牌、指引牌、文化宣传牌等。

实际案例

4.1.3 路面导向标识

应用对象

适用于厂区内所有路面。

规范要求

标准类型：强制标准。

材　　料：白色、黄色热熔漆。

规　　格：车道线与人行道，线宽 10cm/15cm，人行横道线长 200cm~300cm，线宽 30cm，间距 40cm，箭头长 300cm（可结合道路实际情况调整）。标准道路的画线方法参考 GB 5768.3—2009《道路交通标志和标线　第 3 部分：道路交通标线》。

内　　容：马路分道线、人行横道线、导引箭头等。

示范图解

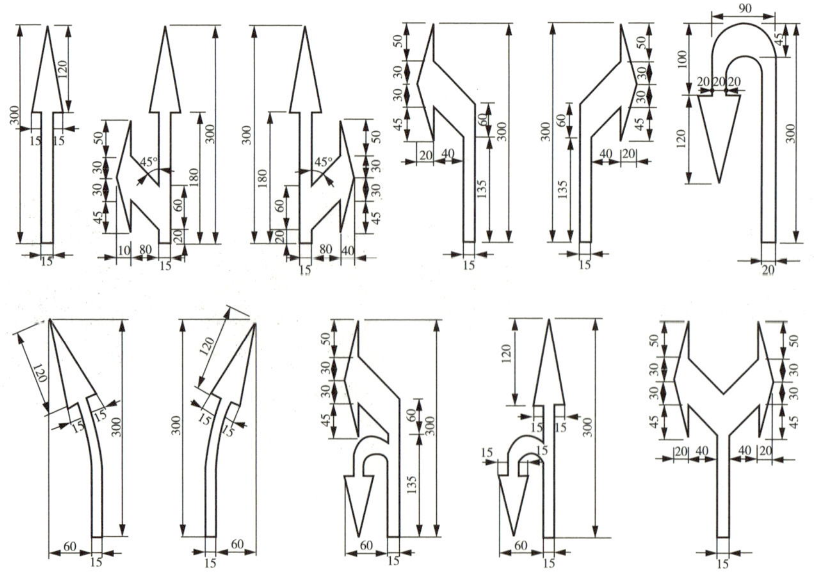

（单位为 cm）

示范图解

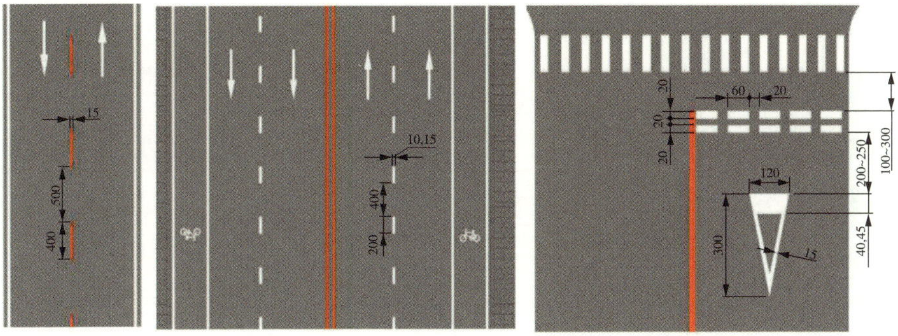

（单位为 cm）

实际案例

4.1.4 路肩石警示线

应用对象

适用于所有路肩石或仅转弯处的路肩石。

规范要求

标准类型： 建议标准。

要　　求：

（1）有标准路肩石情况：

1）间隔一块路肩石刷黑色油漆（普通油漆）。

2）间隔一块路肩石刷黄色油漆（普通或反光油漆）。

（2）无标准路肩石情况：

1）间隔 A mm 刷黑色油漆（普通油漆）。

2）间隔 B mm 刷黄色油漆（普通或反光油漆）。

3）$A=B$。

示范图解

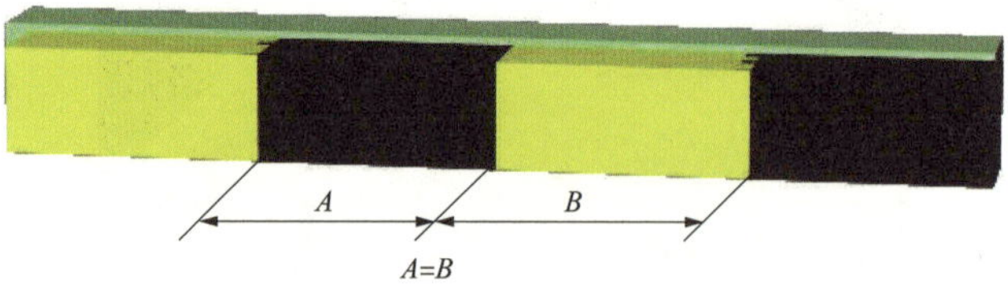

实际案例

4.1.5 绿化带

应用对象

适用于厂内所有区域绿化。

规范要求

标准类型：建议标准。

要　　求：

（1）绿化区域内干净整洁，无废纸、废塑料袋、烟头等杂物。

（2）浇灌设施齐备，喷头旋转角度合适，无喷灌死角，不会造成道路上积水。

（3）井盖、阀门、地下埋管等按目视化要求进行标识。

（4）有植物名称、行为规范的温馨提示。

实际案例

4.1.6 路灯

应用对象

适用于区域内所有的路灯设施。

规范要求

标准类型：强制标准。

要　　求：

（1）路灯照明完好。

（2）有路灯所属区域、编号、责任部门（人）标识。

实际案例

4.1.7 停车场

应用对象

适用于厂区停车场。

规范要求

标准类型：建议标准。

要　　求：

（1）停车泊位平面空间由车辆本身的尺寸加四周必要的安全间距组成。

（2）停车泊位设计分大、小两种尺寸。大型泊位长 1560cm、宽 325cm，适用于大中型车辆；小型泊位长 600cm、宽 250cm，适用于小型车辆。条件受限时，宽度可适当降低，但最小不应低于 200cm。标示线宽 10cm，颜色为黄色或白色。

（3）停车泊位排列形式分为平行式、倾斜式、垂直式，见示范图解。路内停车泊位的排列宜采用平行式，大型车辆的停车泊位不宜采用倾斜式和垂直式的停放方式。

（4）有停车场标识，车位区域画线并编号。

（5）设置移动灭火器、倒车阻挡块。

示范图解

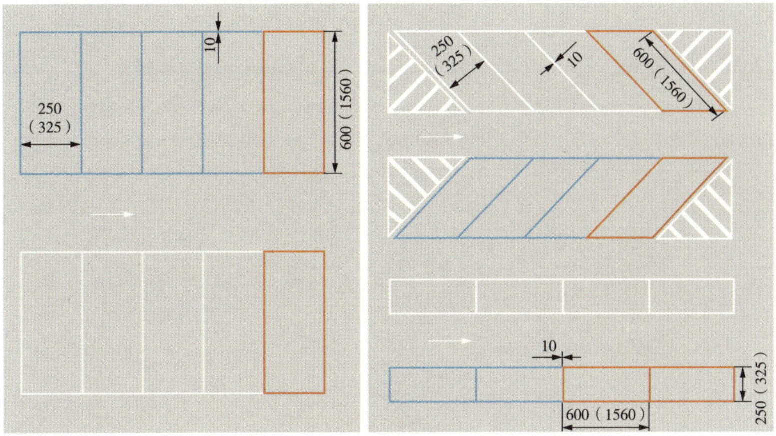

（单位为 cm）

实际案例

4.1.8 通勤车

应用对象

适用于员工接送通勤车。

规范要求

标准类型：建议标准。

要　　求：

（1）车内干净整齐，无异味，座椅、座套无污迹。

（2）座椅、安全带、空调通风装置等设施完好。

（3）随车配备灭火器，有定期检查，性能完好。

（4）随车配备急救箱，进行规范管理，驾驶员接受过急救培训并取证。

（5）定期对随车工具箱进行整理，保证工具箱及工具整齐干净、无油污。

（6）对乘车安全、文明、卫生注意事项，行车路线等应进行目视化展示。

（7）行车前有“请系好安全带”语音提示，在醒目位置有“请系好安全带”提示标示。

（8）车辆停放要整齐、有序，依次停放，停放要入位，车头朝向外。

实际案例

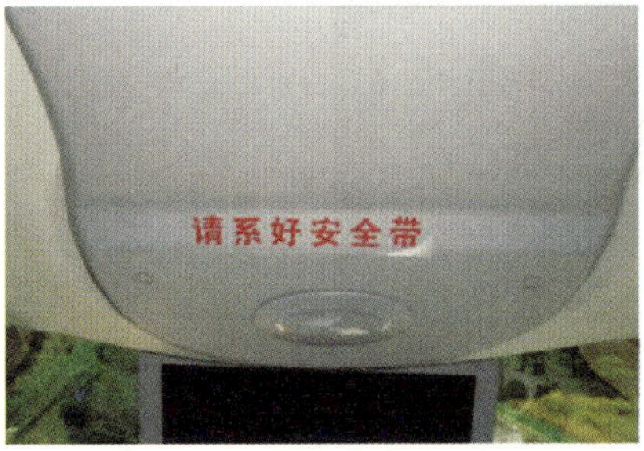

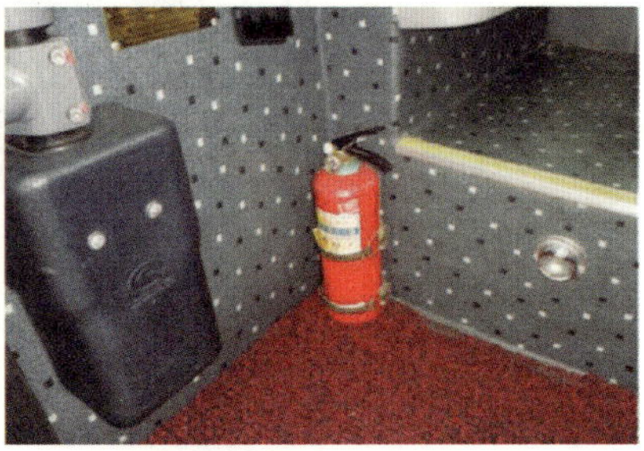

4.1.9 垃圾箱

应用对象

适用于区域内的所有垃圾箱。

规范要求

标准类型：建议标准。

要　　求：

（1）垃圾箱应分类、编号，定置摆放，标识清晰。

（2）垃圾及时清理。

（3）表面干净，无褪色，无破损，周围无杂物。

实际案例

4.1.10 指引牌、平面布局图

应用对象

适用于厂内道路指引牌、平面布局图等。

规范要求

标准类型： 建议标准。

要　　求：

（1）厂前区醒目处以及路口交汇处设置导视牌，导视牌上应有厂区平面布置图。

（2）指引牌应设置在醒目位置，标示路名、方向指示。

（3）指引牌干净、整洁，无遮盖，无破损。

实际案例

4.1.11 路牌

应用对象

适用于公司内部道路牌。

规范要求

标准类型： 建议标准。

要　　求：

（1）厂内道路应命名，并制作道路指示牌。

（2）厂内道路标识应齐全（具体参照 GB 5768《道路交通标志和标线》的规定执行）。

实际案例

4.1.12 宣传橱窗

应用对象

适用于厂内区域所有的宣传橱窗。

规范要求

标准类型： 强制标准。

版面设计： 整体横平竖直，局部设计可以灵活多变，适当美化。

看板内容： 7S 责任区域图、7S 推进计划、月度 7S 之星、学习园地、7S 评比结果、曝光栏、优秀改善案例、相关标准等内容。（可根据实际情况对内容进行增减）

规　　格： 根据版面的设计、看板的内容购买或制作合适大小的看板，建议版面尺寸为 2400mm（长）×1200mm（高），支撑管直径为 100mm，顶部需加雨棚。

材　　料： 灯箱式、万通板底料、不锈钢外框。

位　　置： 放置于员工经常路过的地方。

要　　求： 内容定期更新，设计合理、美观，符合公司 VI 识别要求。

实际案例

4.1.13　室外消防设施

应用对象

适用于厂区范围内所有室外消防设施。

规范要求

标准类型： 强制标准。

要　　求：

（1）地上消防栓标志牌设置在距消防栓 1m 范围，采用柱式固定方式的标志杆的高度宜设 1.2m。标志牌应有编号、责任人。

（2）紧急避险区应设置明显标志牌。

实际案例

4.1.14 企业旗台

应用对象

适用于企业内部的旗台。

规范要求

标准类型：建议标准。

要　　求：

（1）旗台颜色一般采用中国红、白色或黑色。

（2）旗台设置 3 支旗杆，旗杆高度为 8m~11m。

（3）旗杆间距大于或等于旗帜宽度，应设置国旗、安全旗和公司旗，且国旗高度凸出（凸出 0.3m~0.5m），安全旗、公司旗在两侧依次排列。

实际案例

4.2 办公环境管理规范

应用对象

适用于各办公室的办公环境。

规范要求

标准类型：强制标准。

要　　求：

（1）办公设施满足办公功能要求，保证快捷性、合理性、实用性。

（2）办公区舒适、洁净，地面、墙面、门窗、天花板无积尘，无污垢。

（3）办公室整体布局完整统一。照明设施齐全，照明强度舒适。

实际案例

4.2.1 门

4.2.1.1 门牌标识

应用对象

适用于各办公室、班组、工具间、更衣室等。

规范要求

标准类型： 建议标准。

材　　料： 铝合金烤漆底板，中间标识可活动替换。

规　　格： 尺寸为 276mm（长）×140mm（高）。

要　　求： 颜色根据门及整体装修色调确定。

示范图解

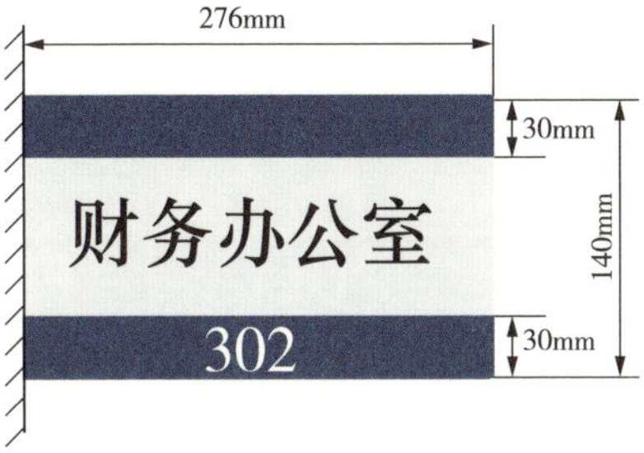

实际案例

4.2.1.2 门开关标识

应用对象

适用于各办公室、班组、工具间、更衣室等门。

规范要求

标准类型：建议标准。

材　　料：亚克力或拉丝不锈钢。

规　　格：尺寸为 110mm（长）×110mm（宽）。

内　　容：推（PUSH）、拉（PULL）、固定（FIXED）。

安装要求：门把手上方 20mm~50mm 处或可根据实际情况而定。

示范图解

实际案例

4.2.1.3 门的腰线

应用对象

适用于各类玻璃门的腰线的标识。

规范要求

标准类型： 强制标准。

材　　料： 不干胶纸或半透明膜。

规　　格： 宽为 120mm~170mm，长度根据门宽设定。

要　　求： 腰线上沿距离地面 1200mm 处。

实际案例

4.2.2 办公桌

4.2.2.1 办公桌面

应用对象

适用于各办公室办公桌面。

规范要求

标准类型：建议标准。

要　求：

（1）办公桌桌面隔板立面整洁、无杂物，根据功能要求只允许摆放必需品。

（2）办公桌上物品应定置摆放，并采用隐形定位。

实际案例

4.2.2.2 计算机管理

应用对象

适用于办公室办公计算机桌面。

规范要求

标准类型： 建议标准。

要　　求：

（1）计算机桌面干净整洁，除计算机系统程序、常用软件外不存放其他电子文档。

（2）计算机内文件按功能区分管理，确保 20s 内找到文件。

（3）当日工作以清单方式放置在桌面。

实际案例

4.2.2.3 桌面文件盒

应用对象

适用于各办公室办公桌面文件盒。

规范要求

标准类型：强制标准。

材　　料：标签色带。

规　　格：根据文件盒尺寸制定。

要　　求：

（1）根据文件盒实际内容确定（如电话通知、已处理、待处理等）。

（2）字体样式、字号大小可根据内容合理调整。

实际案例

4.2.2.4 桌面文件架

应用对象

适用于桌面文件架。

规范要求

标准类型：建议标准。

材　　料：高光照片纸、双面胶。

规　　格：

（1）65mm（长）×35mm（宽），可根据文件架实际尺寸调整。

（2）黑体字，字号大小可根据内容合理调整。

要　　求：

（1）按照文件放置类型可分为待处理、已处理、处理中。

（2）标签粘贴与文件盒（架）文件对应处。

实际案例

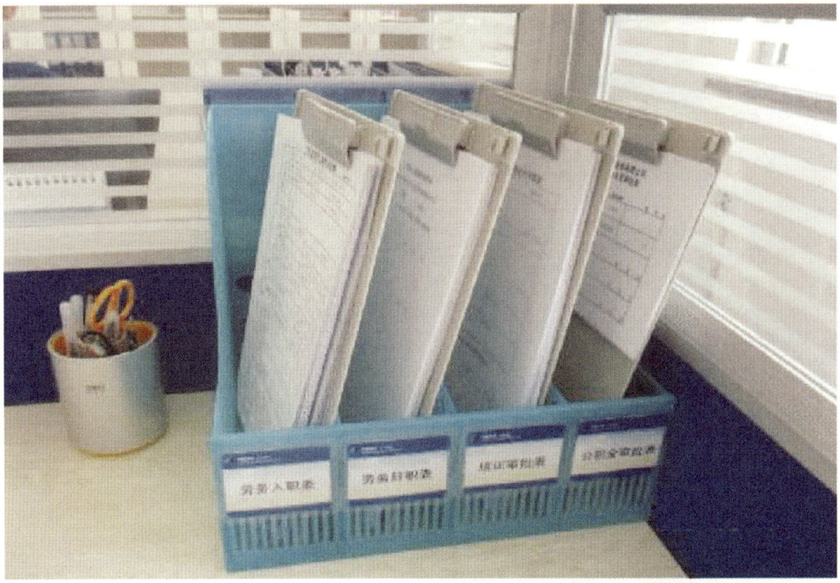

4.2.2.5 办公桌底

应用对象

适用于各办公室办公桌底。

规范要求

标准类型：建议标准。

要　　求：

（1）桌底不允许有鞋子等私人物品。

（2）线束和计算机主机等不能直接放于地面。

（3）离开座位 20min 以上桌椅要归位。

实际案例

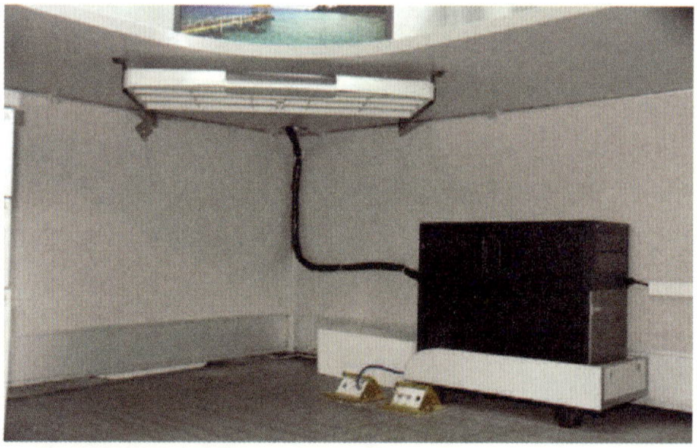

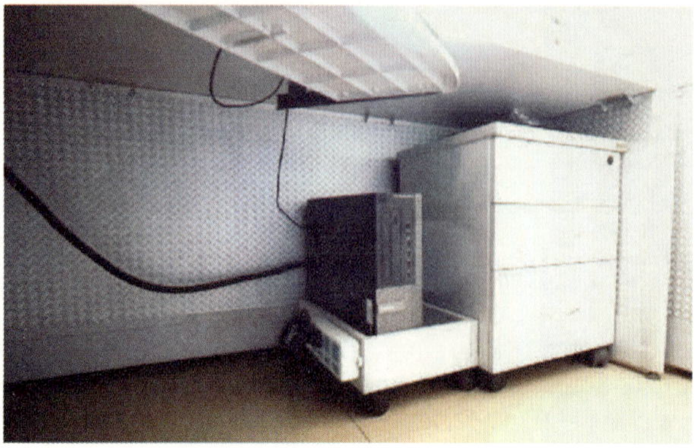

4.2.2.6 员工岗位牌

应用对象

适用于办公室员工岗位牌。

规范要求

标准类型： 建议标准。

材　　料： 亚克力或金属烤漆，内容可替换。

规　　格： 160mm（长）×100mm（宽）。

内　　容： 企业 LOGO、照片、名称、岗位、电话等。

位　　置： 办公桌统一放置（保证同一办公室放置位置一致）；办公桌为可卡位的可粘贴或安装在卡位向外面。

实际案例

4.2.3 办公抽屉

4.2.3.1 抽屉

应用对象

适用于各类柜的抽屉。

规范要求

标准类型：强制标准。

材　　料：浅色材质抽屉用透明底黑字标签色带、深色材质抽屉用透明底白字标签色带。

规　　格：60mm（长）×24mm（宽），黑体居中，字号 36，可根据实际情况调整。

内　　容：按抽屉内所存物品类型（如办公文具、办公资料、个人物品）填写。

位　　置：抽屉左上角或右上角，避开钥匙位置。

示范图解

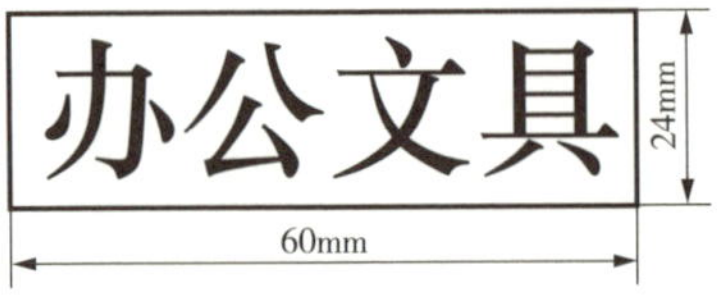

实际案例

4.2.3.2 抽屉内物品

应用对象

适用于办公室抽屉内多种物品隔板定位。

规范要求

标准类型： 建议标准。

材　　料： 抽屉隔板。

规　　格： 可拼接式抽屉隔板（根据抽屉大小、深浅确定，原则不超过抽屉深度的 2/3）。

要　　求： 办公文具比较多的抽屉，采用分隔定位的方式，防止拉动抽屉时滑动，造成混乱。

实际案例

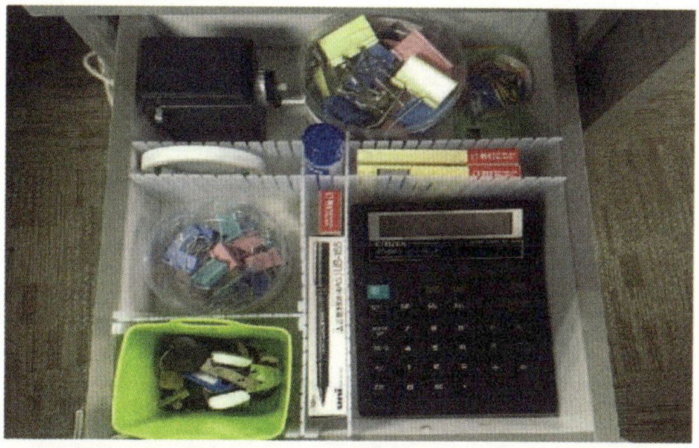

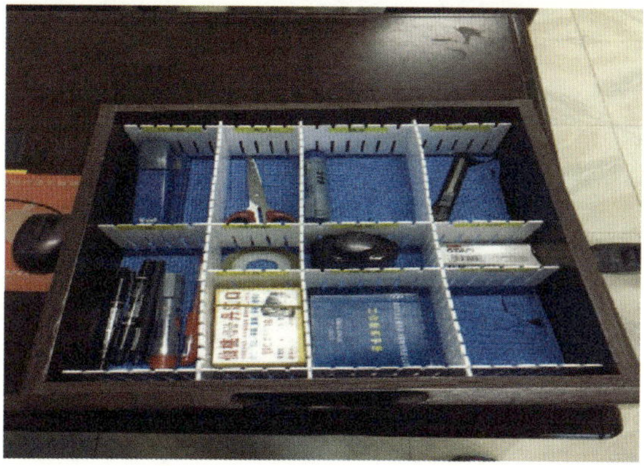

4.2.4 柜类管理

4.2.4.1 柜类标识

应用对象

适用于办公区域和生产区域的各类柜子的标识。

规范要求

标准类型： 强制标准。

材　　料： 印刷带背胶或打印过塑。

规　　格： 900mm（长）×600mm（宽），字体为黑体。

内　　容： 企业 LOGO、文件柜编号、资料名称、责任人。

位　　置： 柜门左上角（或右上角），位置统一。

示范图解

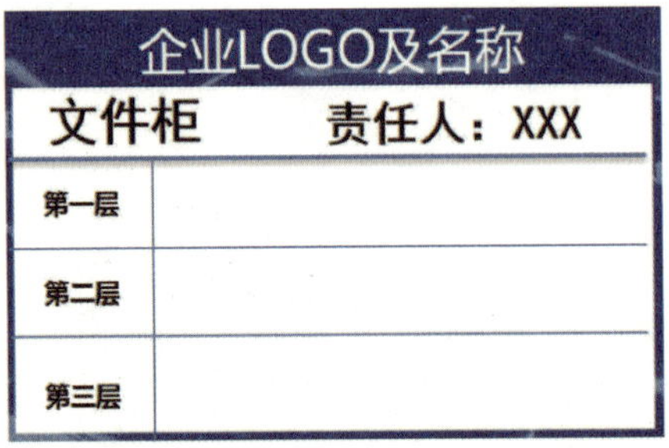

实际案例

4.2.4.2 柜内物品

应用对象

适用于柜内物品的定置管理。

规范要求

标准类型：建议标准。

材　　料：12mm 黄底黑字标签色带。

规　　格：60mm（长）× 12mm（宽）；字体为黑体。

要　　求：贴于物品分隔处正中间。

示范图解

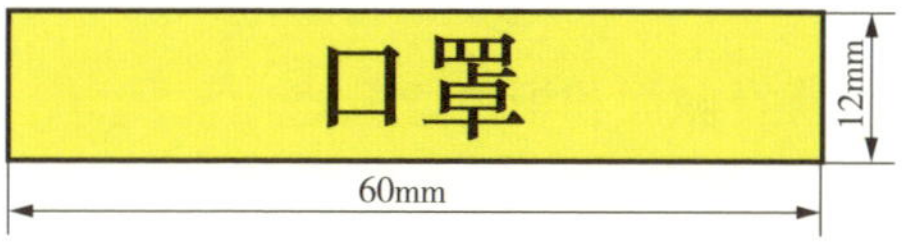

实际案例

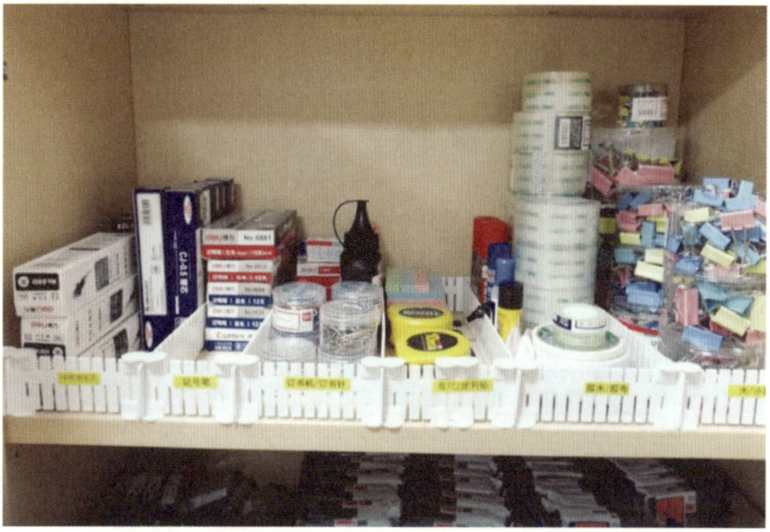

4.2.5 文件盒

4.2.5.1 文件盒的编号定位

应用对象

适用于文件盒的定置定位方法。

规范要求

标准类型： 建议标准。

材　　料： A3 打印纸或刻绘纸。

规　　格： 根据文件盒背脊大小调整；黑体字，字号大小可根据内容合理调整。

内　　容： 企业 LOGO、文件柜编号、资料名称、责任人。

位　　置： 文件盒背脊侧面和柜内背板处。

实际案例

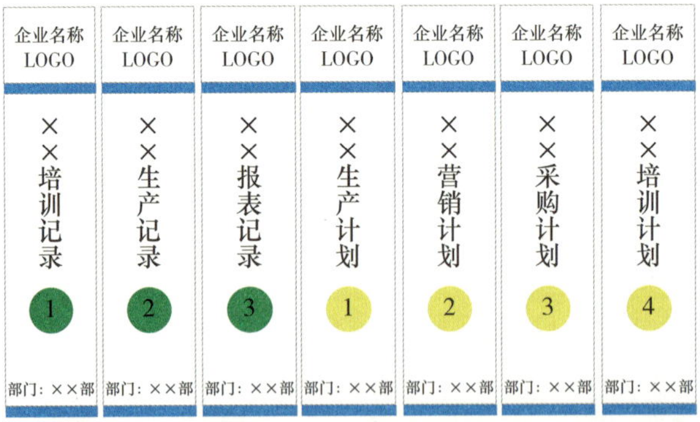

4.2.5.2 文件索引

应用对象

适用于文件盒内文件的索引。

规范要求

标准类型：建议标准。

材　　料：A4 打印纸或刻绘纸。

规　　格：根据文件盒背脊大小调整；黑体字，字号大小可根据内容合理调整。

要　　求：

（1）制定文件目录（A4 纸制作），目录在文档第一页或在文件盒封面内侧。

（2）文件索引标签错开贴于文件内侧。

实际案例

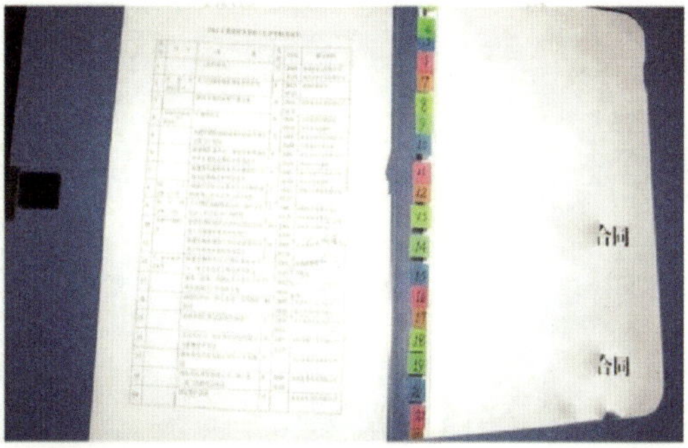

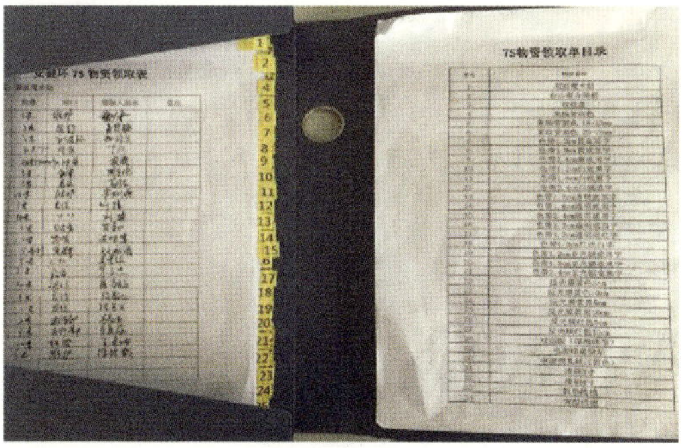

4.2.6 表单管理

应用对象

适用于各类表单的管理。

规范要求

标准类型： 建议标准。

材　　料： 12mm 黄底（或透明底）黑字标签色带。

规　　格： 35mm（长）× 12mm（宽），字体为黑体。

要　　求：

（1）空白表单（如请假单、报销单，生产品质类各种报表单等）放置在公共区域，方便大家拿取，不得私人收藏。

（2）空白表单有安全库存管理（最后 *N* 张时提示采购）。

实际案例

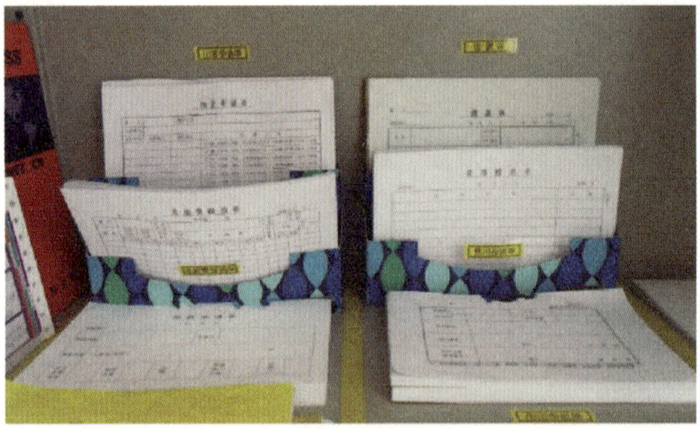

4.2.7 办公用线缆

4.2.7.1 线缆标示

应用对象

适用于电器电源线、网线、电话线等的标示方法。

规范要求

标准类型：强制标准。

材　　料：黄底黑字标签色带。

规　　格：60mm（长）×12mm（宽），字体为黑体，居中，字号大小可根据内容合理调整。

要　　求：

（1）距离电源插头顶端（远离设备端）30mm 处标示。

（2）公共设备标示所连接设备名称与责任部门。

（3）设备有共用插排，且存在容易错误插拔的电源线、网线等标示设备名称与责任人。

实际案例

4.2.7.2 墙面线缆

应用对象

适用于各电源线的整理和排布。

规范要求

标准类型： 强制标准。

材　　料： 线槽、魔术贴、扎带、线卡。

规　　格： 根据线的类型调整。

要　　求： 线束按功能进行整理捆扎，走线横平竖直。线缆及插线板不允许放在地面。

示范图解

实际案例

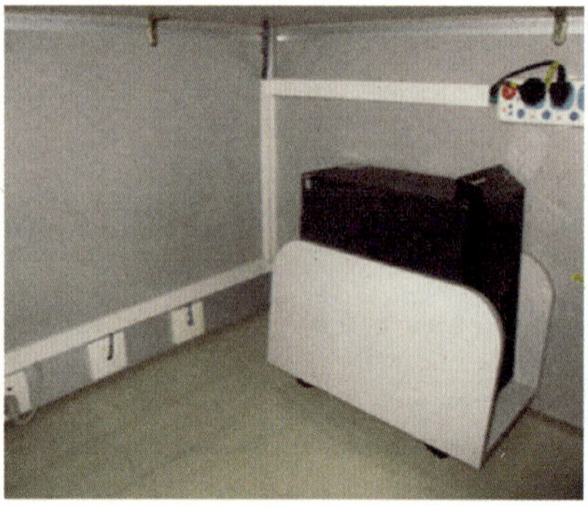

4.2.8 办公设施

应用对象

适用于办公设备的责任标识。

规范要求

标准类型：建议标准。

材　　料：36mm 银底黑字标签色带。

规　　格：65mm（长）×36mm（宽），字体为黑体，居中，字号大小可根据内容合理调整。

要　　求：内容包含设备名称、资产编号、责任人、报修电话等。

示范图解

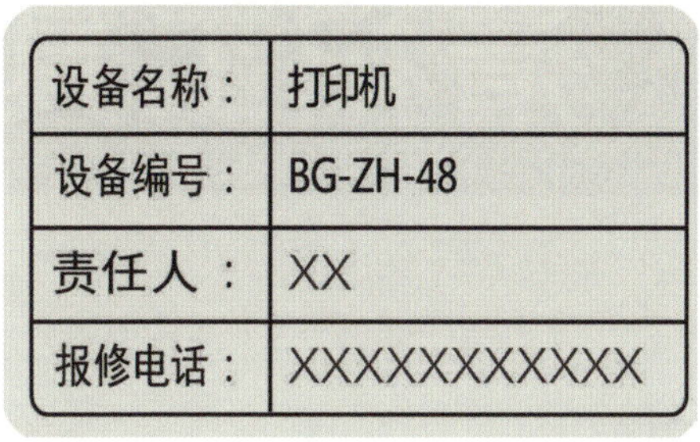

实际案例

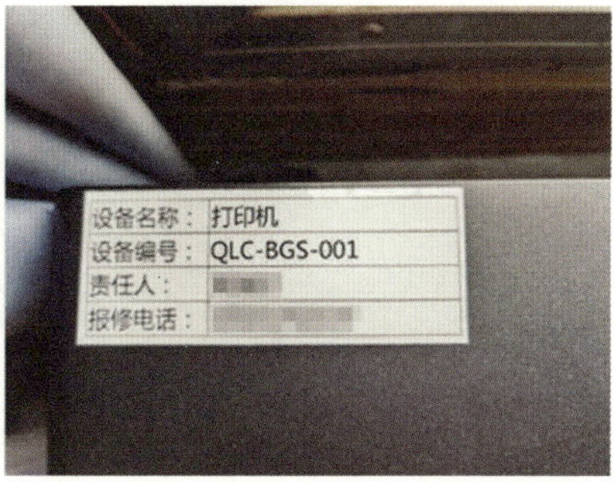

4.2.9 清洁用具

应用对象

适用于办公区域清洁工具。

规范要求

标准类型： 建议标准。

材　　料： A4、A3 纸过彩印塑封，PVC。

规　　格： 250mm（长）×100mm（宽），根据实际情况定尺寸，各区域可采用个性化的设计。

内　　容： 区域名称、物品名称、工具数量。

示范图解

实际案例

4.2.10 绿植

应用对象

适用于办公区域的绿植。

规范要求

标准类型： 建议标准。

材　　料： 彩色照片打印纸、塑封膜、双面胶。

规　　格： 尺寸大小根据花卉大小调节，小盆栽 50mm×100mm，大盆栽 90mm×120mm。

内　　容： 名称、属科、养护简介、责任人和温馨提示，用细竹签插在盆栽土壤中。

实际案例

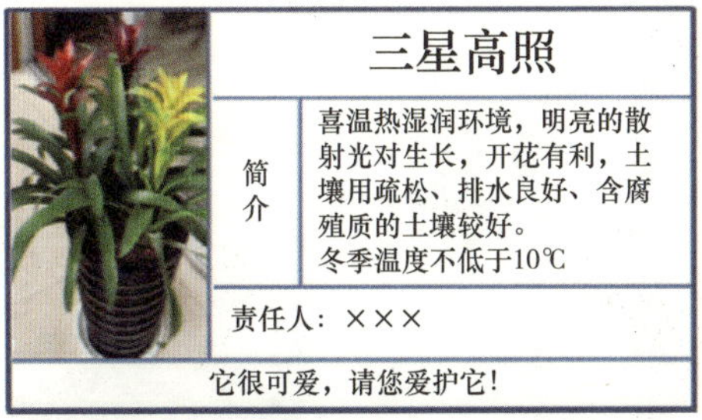

4.2.11 会议室管理

应用对象

适用于会议室的 7S 管理。

规范要求

标准类型： 强制标准。

要　　求：

（1）会议室地面保持干净，室内移动物品可适当粘贴定位标识。

（2）会议室桌面整洁、无灰尘。

（3）会议室内相关设备要有简要操作说明。

实际案例

5

PART

仓库区域 7S 管理规范

5.1 仓库整体管理规范

5.1.1 仓库环境

应用对象

适用于物资仓库、备品备件仓库和工具库等的整体环境。

规范要求

标准类型：建议标准。

要　　求：

（1）仓库应保持清洁、干燥，室内照明完好、照明充足。

（2）物资定期管理，状态可用。

（3）按类别、功能划分区域，标识清晰，定量管理，明确责任人。

（4）精密仪器、仪表、量具应保存在规定温度范围内，同时做好防护措施。

（5）仓库物资按“四号”（库号、架号、层号、位号）定位原则定位，摆放合理。

（6）物资入库要进行验收，并分类存放上架，做好记录。

（7）不合格物资应明确标识，隔离放置。

实际案例

5.1.2 仓库平面布置图

应用对象

适用于物资仓库、备品备件仓库和工具库等的平面布置图。

规范要求

标准类型： 建议标准。

材　　料： 亚克力。

规　　格： 1200mm（长）×900mm（宽），根据墙壁空间调整，字体为黑体。

要　　求： 仓库平面图包括物品摆放分区、区域名称、责任人、紧急逃生路线等。

示范图解

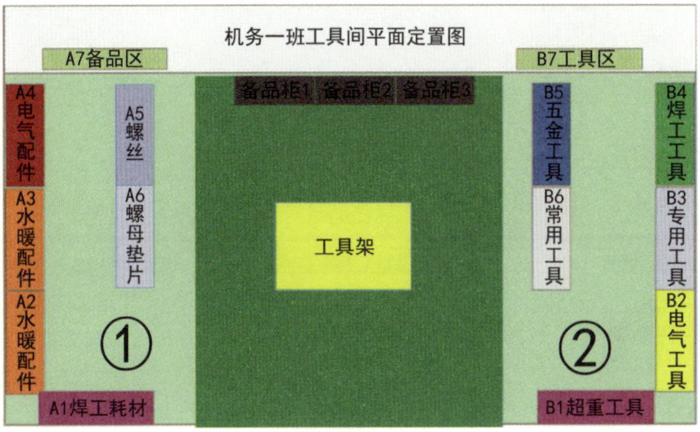

实际案例

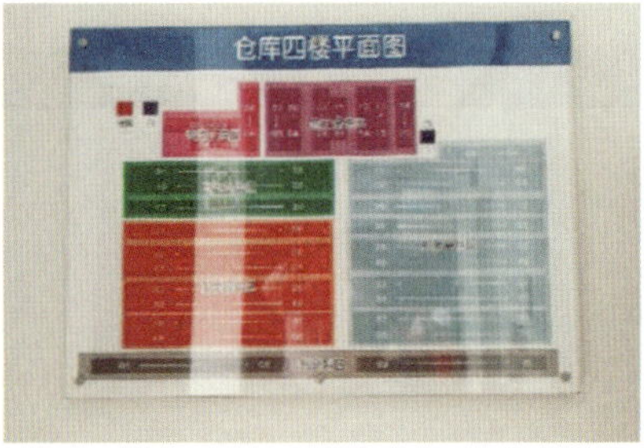

5.1.3 仓库管理看板

应用对象

适用于物资仓库、备品备件仓库和工具库的制度和规程等。

规范要求

标准类型： 建议标准。

材　　料： 亚克力。

规　　格： 600mm（长）×900mm（宽），根据墙壁空间调整，字体为黑体。

要　　求： 安装在仓库人员出入的明显位置。

实际案例

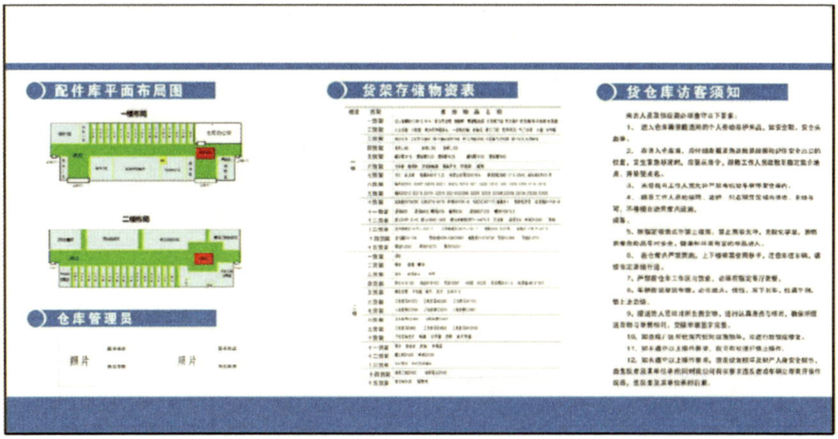

5.1.4 物资存储

应用对象

适用于物资仓库、备品备件仓库等的物资存储。

规范要求

标准类型：建议标准。

要　　求：

（1）备品备件干净、整洁，无油污、生锈，按规定定期保养，保持性能良好、状态好用，应保持在通风、干燥的环境中，24h 的温差不允许超过 5℃。

（2）橡胶制品切忌接触矿物油、硫化物和水分，保持干燥，有必要的情况下可以在其外表面涂抹一些滑石粉。

（3）有特殊要求的物资，还需要进行遮阴处理，避免风吹日晒。

（4）精密仪器仪表量具应保存在规定温度范围内，放入收纳箱存储。

收纳箱要求：

（1）规格：内径为 637mm（长）×415mm（宽）×218mm（高），外径为 675mm（长）×450mm（宽）×230mm（高），也可视物资实际尺寸订购。

（2）颜色：蓝色。

（3）材质：塑料。

托盘要求：

（1）型号：网格九脚塑料托盘栈板。

（2）规格：1200mm（长）×1000mm（宽）×140mm（高）。

（3）颜色：蓝色。

（4）材质：塑料。

实际案例

5.1.5　物资摆放

应用对象

适用于物资仓库、备品备件仓库和工具库的物资摆放要求。

规范要求

标准类型：建议标准。

要　　求：

（1）货架干净，无垃圾、杂物，货架间间距不得小于 500mm。

（2）货架物资摆放整齐、有序，按照“四定位”（即库有库号、架有架号、层有层号、位有位号）、“五摆放”（按不同型号、不同品种、不同形状和出厂要求，定量装箱，过目成数，横看成行，竖看成线，左右对齐、间隔明显）。

（3）物品数量以 5 的倍数进行排列，便于目视盘点。

（4）货架标识清晰、齐全，便于收发，方便盘点。

（5）大件物资无法上货架，可用塑胶垫或垫板整齐存放于地面，中间设置通道，便于物品拿取或盘点。

（6）物品定期盘点，登记造册，账、物一致。

实际案例

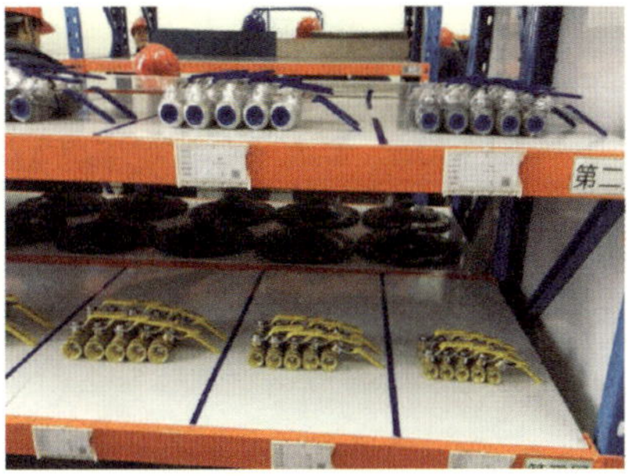

5.2 仓库目视化管理规范

5.2.1 仓库区域标识

应用对象

适用于物资仓库、备品备件仓库内部区域标识。

规范要求

标准类型：建议标准。

材　　料：亚克力。

规　　格：420mm × 250mm 或 600mm × 360mm，根据实际情况调整；底为蓝色，特殊情况可调整（如合格区用蓝色，不良品、危险品用红色，待检区用紫色）。

内　　容：填写所属部门及区域名称、区域负责人。

要　　求：集中规划，格式一致，粘贴和悬挂高度一致，多方位醒目识别。

实际案例

5.2.2 仓库货架配色

应用对象

适用于物资仓库、备品备件仓库和工具库的货架。

规范要求

标准类型： 建议标准。

材　　料： 通用标准货架。

规　　格： 2000mm（长）×600mm（宽）×2000mm（高）；立柱用蓝色，横梁用纯橙色，面板用灰色。

要　　求： 货架尺寸、颜色在同区域要一致。

实际案例

5.2.3 仓库货架定位

应用对象

适用于物资仓库、备品备件仓库和工具库的货架定位。

规范要求

标准类型： 建议标准。

材　　料： 3M 地胶带，或黄色路标漆。

规　　格： 线宽 50mm。

要　　求： 定位线的内边线与物品间距为 10mm~20mm。

示范图解

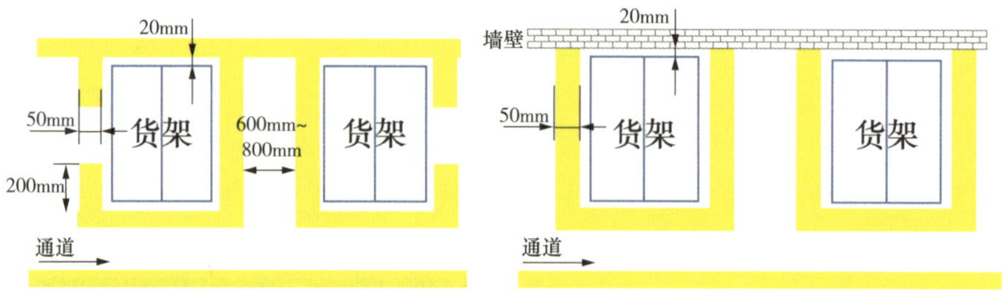

实际案例

5.2.4 仓库货架标识

应用对象

适用于物资仓库、备品备件仓库和工具库的仓库货架。

规范要求

标准类型： 建议标准。

材　　料： 亚克力。

规　　格： 600mm（长）×400mm（宽），根据货架统一调整；字体为黑体。

内　　容： 企业 LOGO、货架名称、各层分类名称、物品照片。

要　　求： 安装在货架靠通道面。

示范图解

A架 五金备件

层 别	名 称
一层 A-1	
二层 A-2	
三层 A-3	

实际案例

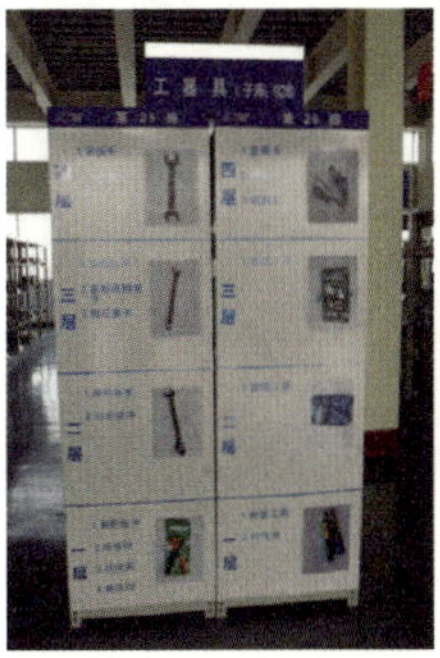

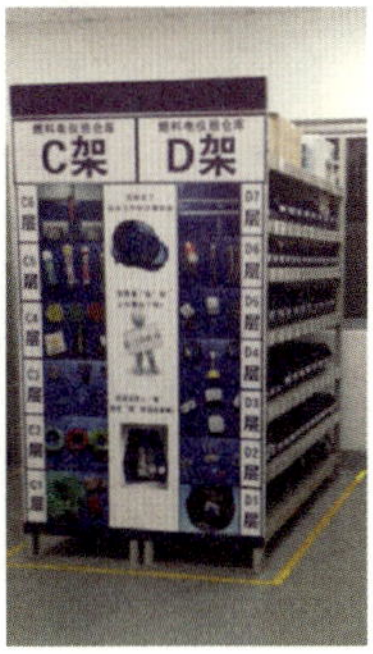

5.2.5 仓库货架层号标识

应用对象

适用于物资仓库、备品备件仓库和工具库的货架。

规范要求

标准类型： 建议标准。

材　　料： 亚磁性贴＋标签打印机。

规　　格： 可根据货架横梁宽度调整，长度统一即可，字体为黑体。

要　　求： 粘贴在每层货架的左侧或右侧，同一区域粘贴位置统一。

示范图解

实际案例

5.2.6 货架货位标识

应用对象

适用于物资仓库、备品备件仓库和工具库的仓库货架。

规范要求

标准类型： 建议标准。

材　　料： 广告贴纸或喷漆。

规　　格： 可根据货架具体位置确定，蓝色字，字体为黑体。

内　　容： 货架编号 + 层别编号 + 货位编号，如 A1-1、A1-2、A1-3。

要　　求： 粘贴在靠货架边缘且货位中间。

示范图解

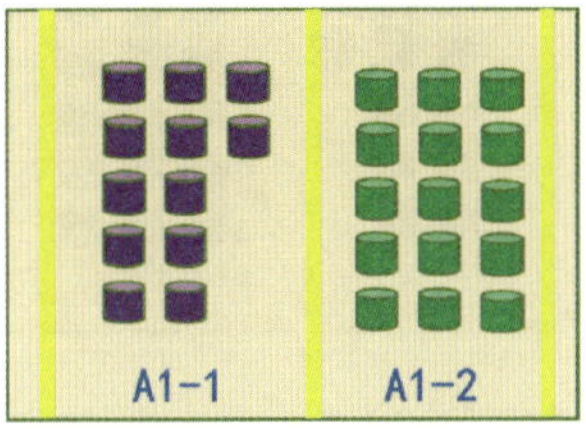

实际案例

5.2.7 物资物品定置

应用对象

适用于物资仓库、备品备件仓库和工具库的货架上物品定置。

规范要求

标准类型： 建议标准。

材　　料： 3M 胶带。

规　　格： 10mm（宽）。

要　　求： 根据物品存放面积合理粘贴分区线。

示范图解

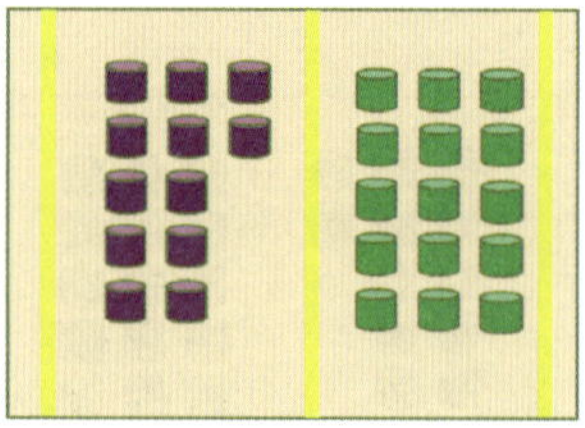

实际案例

5.2.8 物资信息卡

应用对象

适用于物资仓库、备品备件仓库和工具库的物资信息。

规范要求

标准类型： 建议标准。

材　　料： 磁性物资信息卡。

规　　格： 可根据货架横梁宽度确定，字体为黑体。

内　　容： 库位、物资编号、物资名称 + 规格、数量定额等。

要　　求： 安装在对应物品的中间。

示范图解

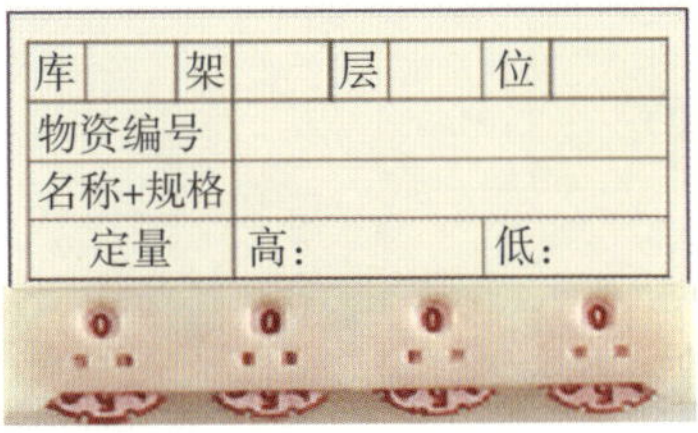

实际案例

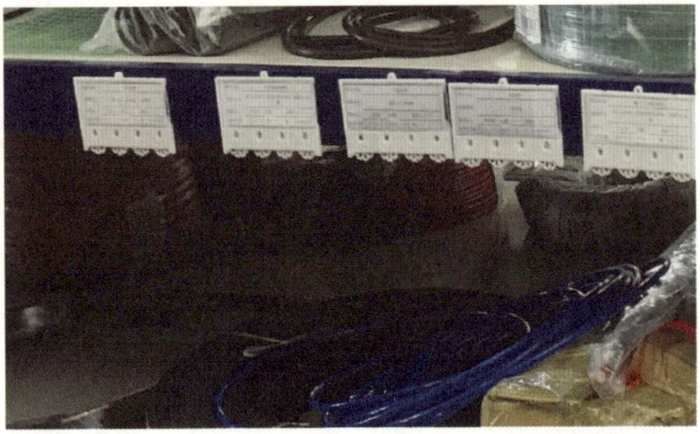

5.2.9 工具标识

应用对象

适用于仓库中非消耗性物资定置管理。

规范要求

标准类型：建议标准。

材　　料：黄底黑字标签色带。

规　　格：分类标识：65mm（长）×24mm（宽）；物资标识：40mm（长）×12mm（宽）。字体：黑体。

要　　求：粘贴在对应物品的中间。

示范图解

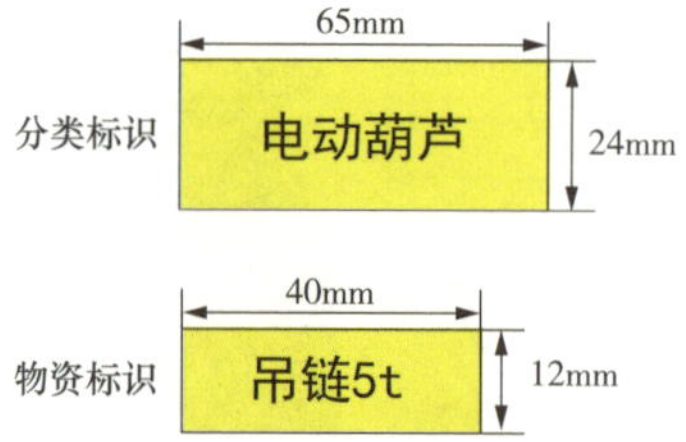

实际案例

5.2.10 安全库存

应用对象

适用于仓库中对数量和保持期管理要求高的物资标示方法。

规范要求

标准类型： 建议标准。

材　　料： 黄底黑字标签色带。

规　　格： 10mm（宽）。

要　　求： 绿色表示库存量在正常范围，黄色表示警告，红色表示危险。

实际案例

5.3 仓库安全管理规范

5.3.1 仓库一体化门牌

应用对象

适用于物资仓库、备品备件仓库和工具库的门牌。

规范要求

标准类型：建议标准。

材　　料：户外用镀锌板，室内用亚克力。

规　　格：1200mm（宽）×900mm（高），根据墙壁空间调整，字体为黑体。

内　　容：区域名称、责任部门、责任人、区域责任人、安全警示标志等，项目根据实况情况调整。

实际案例

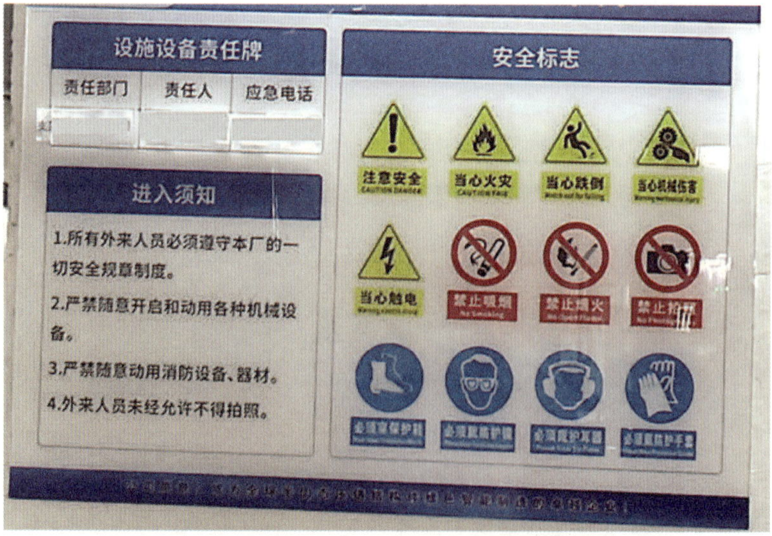

5.3.2 仓库墙面安全标语

应用对象

适用于全公司仓库墙面安全标语。

规范要求

标准类型：建议标准。

材　　料：亚克力或 PVC 雪弗板。

规　　格：1200mm（长）× 1000mm（宽），标准色红色，字体为黑体。

位　　置：距离地面 3m 或根据仓库高度情况调整，字间距离均等。

实际案例

5.3.3 仓库吊装作业区

应用对象

适用于全公司仓库吊装作业区域。

规范要求

标准类型： 强制标准。

材　　料： 黄色地坪漆或 3M 黄色地胶带。

规　　格：

（1）吊装口下方安全区域规格：线宽 100mm，标准色为黄色，区域大小视实际吊装口大小而定。

（2）吊装口上方防踏空线规格：黄黑相间，宽度为 50mm~100mm（倾斜角度为 45°），根据现场实际宽度调整。

实际案例

6

PART

化验室 7S 管理规范

6.1　化验室环境管理规范

应用对象

适用于各类化验室环境。

规范要求

标准类型：强制标准。

要　　求：

门牌：门牌统一悬挂位置。

整体布局：室内区域划分合理，安全警示线应标示清晰，无脱落。

化验室室内照明：完好无破损，照明充足。

化验室台面：物品定置位置清晰、干净、整洁，无积水，无杂物。

墙面：整洁完好，无不必要张贴物。

工作区域范围：在距离工作区域500mm~800mm范围用黄色地胶带100mm安全警戒线分隔。

实际案例

6.2 化验室目视化管理规范

6.2.1 化验室管理看板

应用对象

适用于各类化验室管理制度看板。

规范要求

标准类型： 建议标准。

要　　求：

（1）化验室管理制度上墙。

（2）管理制度清晰、准确。

实际案例

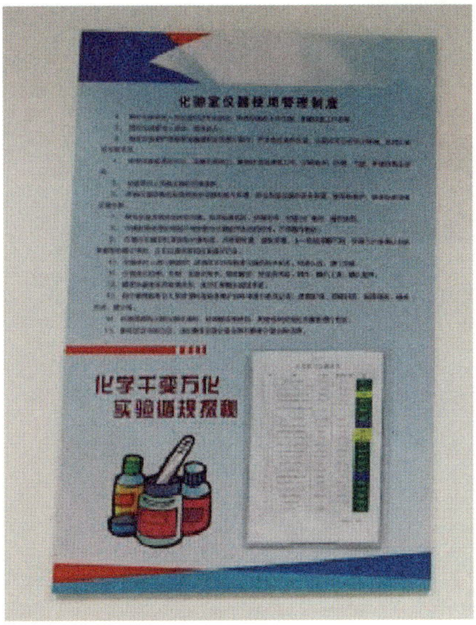

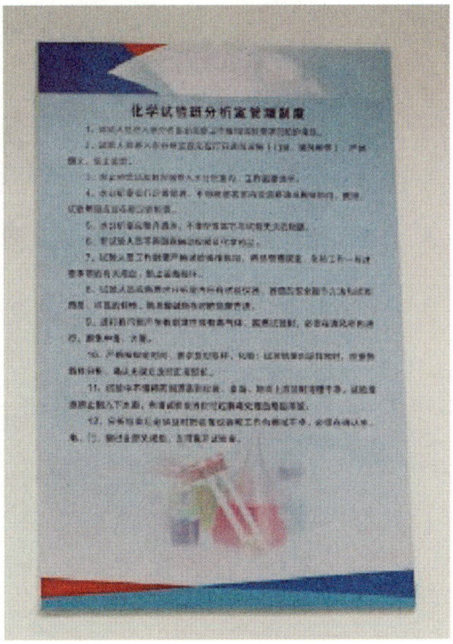

6.2.2 化验室操作规范流程

应用对象

适用于化验室实验操作及器皿使用流程。

规范要求

标准类型： 建议标准。

要　　求： 操作流程目视化清晰、准确，可以运用颜色管理予以区分，一目了然。

实际案例

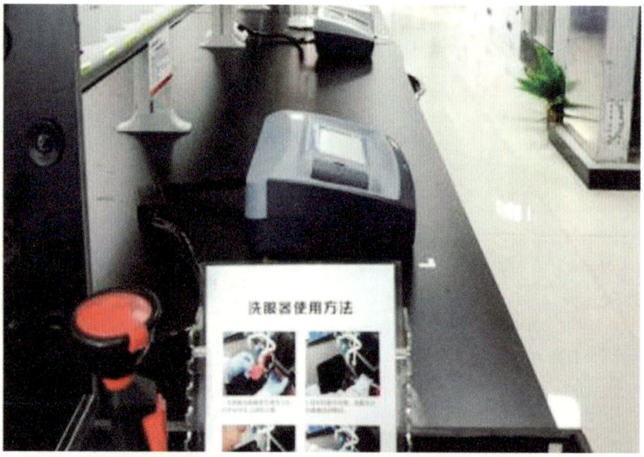

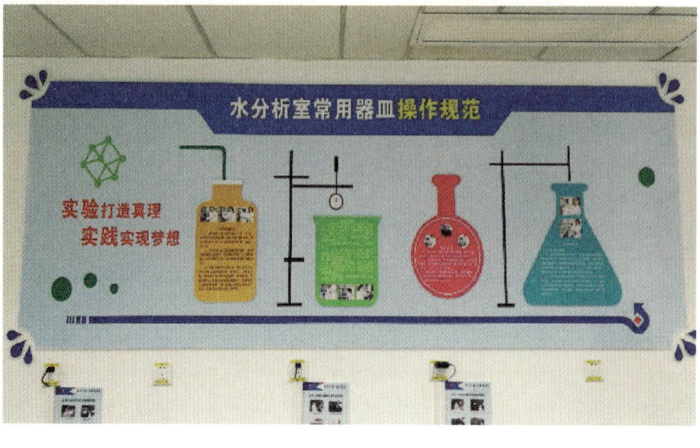

6.2.3 药品管理

应用对象

适用于化验室药品储存与整理。

规范要求

标准类型：建议标准。

要　　求：

（1）药品分类摆放，标识清晰、准确。

（2）柜内药品目录对应清晰、准确，领用登记明确。

（3）定期检查药品有效期。

（4）危险药品隔离摆放，并有专人管理，专用柜有统一的责任人标识，非使用时应存放于指定区域内。

实际案例

6.2.4 化学品标识

应用对象

适用于化验室用的各种药品，试剂的标识管理。

规范要求

标准类型：强制标准。

材　　料：彩色照片打印纸、塑封膜、双面胶。

规　　格：70mm（长）×45mm（宽）；字体为黑体，可根据实际情况确定，不同类型化学品分颜色管理。

内　　容：填写品类、名称、浓度、日期、有效期。

示范图解

物品标签（酸类）	
名称	盐酸
浓度	87%
配置日期	2013.09.02
有效期	2014.09.02

物品标签（碱类）	
名称	×××
浓度	87%
配置日期	2013.09.02
有效期	2014.09.02

物品标签（氧化剂）	
名称	×××
浓度	87%
配置日期	2013.09.02
有效期	2014.09.02

物品标签（普能药品）	
名称	盐酸
浓度	87%
配置日期	2013.09.02
有效期	2014.09.02

物品标签（还原剂）	
名称	盐酸
浓度	87%
配置日期	2013.09.02
有效期	2014.09.02

实际案例

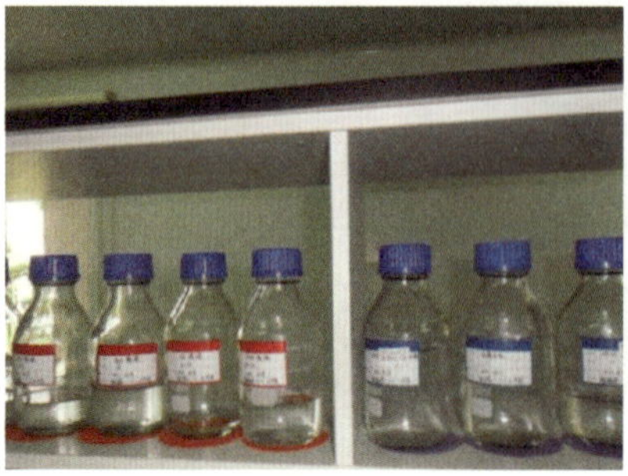

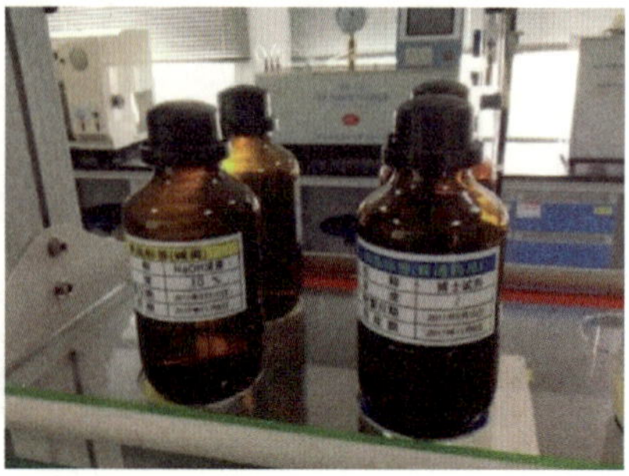

6.2.5 实验仪器、仪表管理

应用对象

适用于化验室实验仪器、仪表管理。

规范要求

标准类型： 建议标准。

要　　求：

（1）仪器、仪表摆放整齐、合理，有清晰定位标识。

（2）操作规程清晰、明了，防止误操作。

（3）实验器具定置摆放，符合“定点、定类、定量”原则，且标识一一对应。

实际案例

6.2.6 玻璃容器管理

应用对象

适用于化验室玻璃容器管理。

规范要求

标准类型：建议标准。

材　　料：广告贴纸、标签打印机色带、亚克力。

规　　格：定位线宽度为 10mm，色带为 12mm 或 24mm。

内　　容：物品名称、编号，玻璃容器专用柜，在瓶底桌面上贴上编码的标识。

实际案例

6.2.7 试剂管理

应用对象

适用于化验室试剂容器管理。

规范要求

标准类型： 建议标准。

材　　料： 定位线、标签打印机色带、PVC。

规　　格： 定位线宽度为 10mm，色带为 12mm 或 24mm。

内　　容： 配制试剂分类定置，试剂标签内容包括试剂名称、配制人、配制时间，并统一大小及高度；试剂用黄色定位线进行分隔，试剂正前方粘贴标识。

实际案例

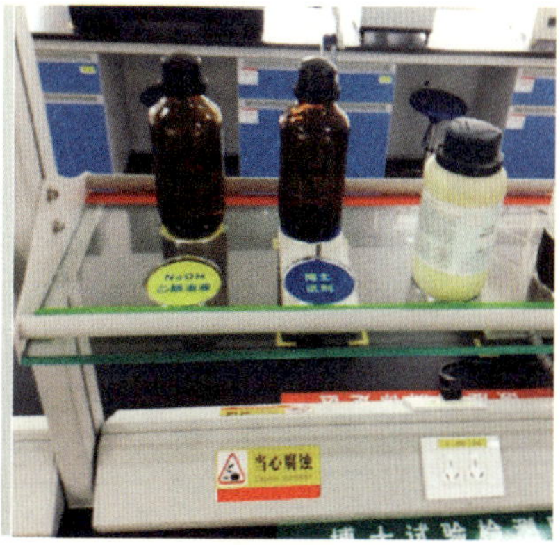

6.2.8 仓库玻璃容器管理

应用对象

适用于化验室仓库玻璃容器管理。

规范要求

标准类型： 建议标准。

材　　料： EPE 棉、反光膜地胶带、标签打印机色带。

规　　格： 10mm 定位线、24mm 标签打印机色带。

内　　容：

（1）玻璃器具分类定点放置，用定位线分隔。

（2）物品名称标识与货架摆放物品相符；玻璃器具保持干净、整洁，完好无破损。

实际案例

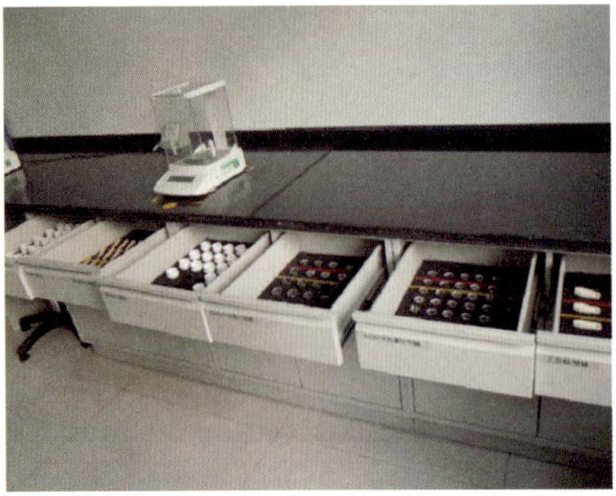

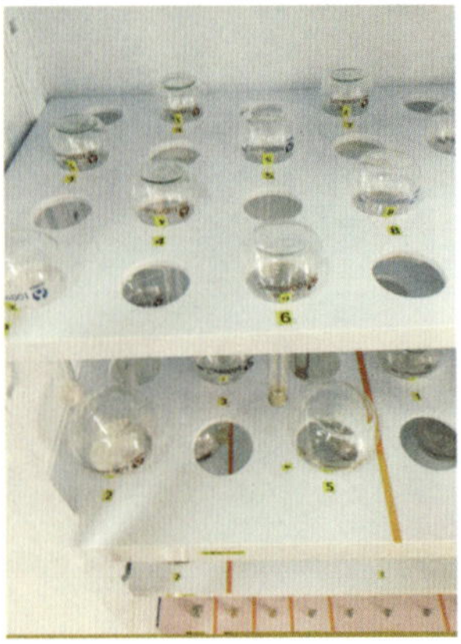

6.2.9 回收品管理

应用对象

适用于化验室回收化学品管理。

规范要求

标准类型： 强制标准。

材　　料： 定位线、标签打印机色带。

规　　格： 定位线宽度为 10mm，色带为 12mm 或 24mm。

内　　容： 物品名称、日期、管理负责人、回收管理规定、不同化学品标准用不同颜色。

实际案例

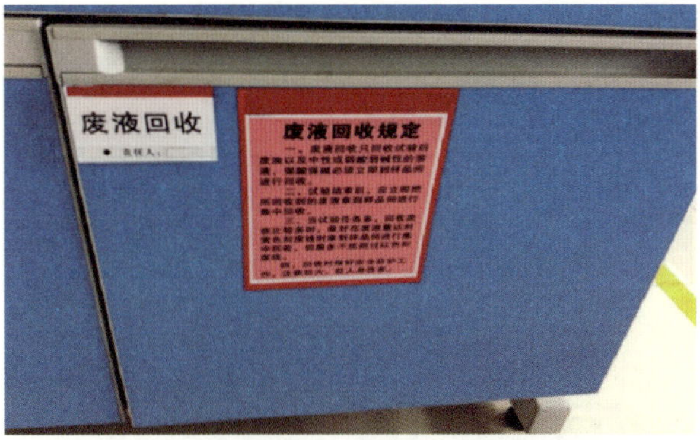

6.3 化验室安全管理规范

6.3.1 危险化学品管理

应用对象

适用于化验室危险化学品管理。

规范要求

标准类型： 建议标准。

材　　料： 定位胶、标签打印机色带、定置箱。

规　　格： 根据实际情况确定。

内　　容：

（1）区域名称、危险化学品名称、警示标识、防护用品、职业危害告知牌、注意事项等。

（2）各危险品要分类、分隔，定置横平竖直。

实际案例

6.3.2 通风柜标示

应用对象

适用于化验室通风柜的管理。

规范要求

标准类型：建议标准。

材　　料：黄黑警示线、安全警示标志。

规　　格：50mm/100mm 黄黑警示线，具体警示标志尺寸可根据现场实际情况确定。

内　　容：防撞警示、安全注意事例、警示标志。

要　　求：

（1）通风柜内物品定置标识清晰。

（2）工作台面干净整洁，无积水、杂物。

（3）侧壁无不必要张贴物。

（4）通风柜有安全警示标志，柜门边缘有防碰警示标志。

实际案例

6.3.3　洗眼器标示

应用对象

适用于有酸、碱工作的蓄电池室、制氢站、化验室的洗眼器管理。

规范要求

标准类型：建议标准。

材　　料：亚克力或拉丝不锈钢。

规　　格：标识为绿色底白色符号，尺寸为 600mm（长）×600mm（宽）。根据现场情况调整。

要　　求：

（1）有酸、碱工作的化验室要设置洗眼水喷头。

（2）紧急洗眼装置应在其上方 0.5m 装设“紧急洗眼水”提示标志牌和操作方法标示。

示范图解

实际案例

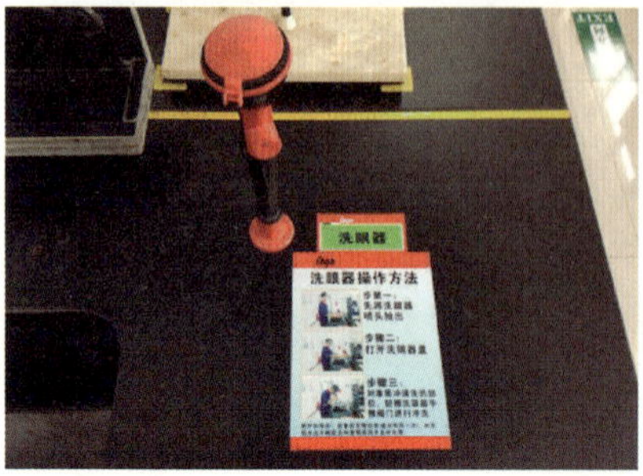

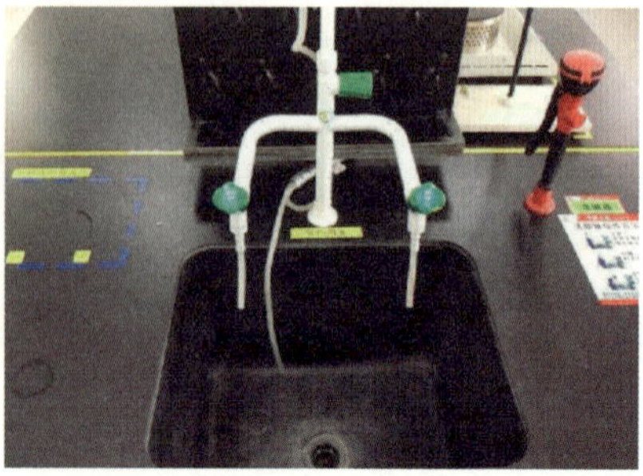

7

PART

7S 管理制度

7.1 7S 管理办法

没有规矩，不成方圆。制度是一个组织员工共同遵守的行为规范，可保障公司的有效运转，是达到公司总目标的可靠保证。7S 管理制度是公司 7S 推进的基石，确保推进工作能有序、稳定、高效开展。

7.1.1 目的

为加强公司 7S 管理，确保 7S 的效果长期保持并逐步提升，使 7S 制度化、规范化和常态化，结合实际制定本制度。

7.1.2 范围

本制度适用于参与“7S”管理活动的全体人员。

7.1.3 项目管理制度

项目实施管理制度

一、目的

统一全员开展 7S 管理的思想和行动，倡导和鼓励员工在 7S 标准化管理基础改善活动中，努力创优秀、争先进。

二、适用范围

公司全体员工。

三、实施内容

1. 7S 管理推行方针

现场作业有序化，管理流程精益化，员工行为素养化。

2. 7S 管理项目推进组织架构图

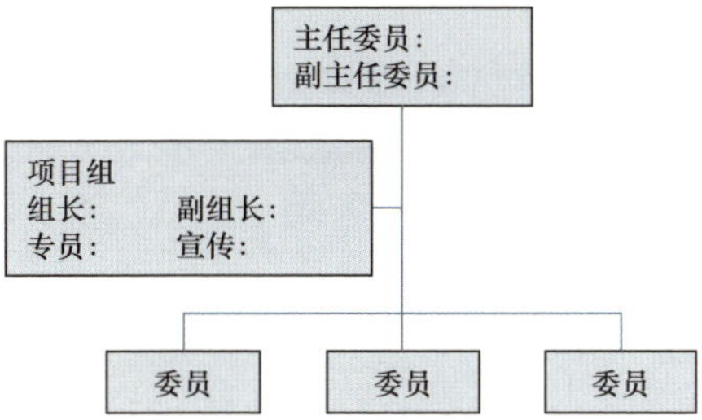

3. 7S 管理项目推行组织机构各职位职责规定

（1）7S 管理项目推进主任委员的职责：

1）确定 7S 管理实施的方向和总体要求，全面领导 7S 深化提升活动的推行。

2）负责组织制定 7S 管理与运营管理、质量管理和企业文化建设相结合的指导方针，审定年度工作目标。

3）对公司 7S 管理活动全权负责。

（2）7S 管理推行项目组的职责：

1）负责组织编制和审议 7S 管理规章制度，最终将 7S 管理纳入综合管理体系。

2）指导并参与提出 7S 管理的年度工作目标和年度工作要点。

3）负责总结 7S 管理活动的经验与问题，向 7S 管理推行委员会报告工作。

四、实施办法

（1）本办法前期加强活动预计施行 X 个月，（20XX 年 XX 月—XX 月）后继续推展和延伸。

（2）为保证 7S 管理工作的有效推进，培养团队精神，以部门和班组为单位展开竞赛。

（3）划分各部门之间责任区域。

（4）由各区域划分主管对负责区域推行效果负全责。

五、奖惩规定

1. 样板区的激励方案

第一名	第二名	第三名	通过验收	未通过验收
XXX 元	XXX 元	XXX 元	XXX 元	通报批评

2. 最终评比的激励

最终评比以区域为单位分办公和生产两个类别进行评比，对达标及以上单位，予奖金鼓励，对未通过达标区域处以罚款以作警示和鞭策；考核直接与各区域负责人挂钩。

3. 评比奖罚

（1）办公区域的奖励分为一等奖、二等奖各二名。

（2）生产区域的奖励分为一等奖一个，二等奖二个，三等奖三个。

4. 匾牌与奖金颁发

（1）锦旗与奖金由总经理或副总经理颁发，所颁发的锦旗必须悬挂于指定位置。

（2）评比成绩均未达到 85 分时，不奖励；成绩均在 85 分以上，不处罚最后一名。

5. 单项奖项

最佳组织奖、最佳创意奖、进步奖等。

6. 分数计算方法

各区域之间 7S 管理难度和实际情形难免存在一定差距，为了客观、公正考核各区域在 7S 管理中的投入以及效果，将设定加权系数。

7. 其他激励

（1）推行月度激励。每月对各组推行状况进行评比，对前 2 名进行奖励，对最后 1 名进行处罚。

（2）推行进度激励。不能按项目节点完成相关工作，每区域首次处罚 X

元，连续不能完成进度，加倍处罚。

对于不配合推进办公室（以下简称推进办）工作、重复发生不完成整改项目的员工，7S 推行办有权进行处罚 X 元。

（3）推进事项完成度激励。对 7S 管理推行人员提出的书面整改事项未能按时按质完成的、区域未提出整改事项或敷衍的，给予相应处罚。

（4）即时激励。公司 7S 管理推进办公室（以下简称推进办）对在推进过程中的优秀人员，可以给予即时激励。

六、执行部门

（1）各部门考核得分由 7S 管理项目推行办公室于次月提交公司绩效考核会。

（2）公司根据实际得分按规定落实奖惩。

七、实施日期

本办法自 20XX 年 XX 月 XX 日开始实施。

八、特别说明

本实施办法经 7S 管理推行委员会议制订，呈送总经理核准后实施，未尽事宜得随时修正并公布。

7.1.4　督导师管理制度

7S 督导师管理制度

第一章　总则

第一条　为发挥督导师在 7S 深化管理工作中的重要作用，加强 7S 管理深化督导师（以下简称督导师）的管理，保障 7S 管理深化工作的有效开展，特制定本制度。

第二条　本制度所称督导师是指接受 7S 管理深化知识培训取得督导师证书、从事 7S 管理深化活动的人员。

第三条　督导师应服从 7S 管理深化推进办及相关管理部门的领导，认真督导所辖区域的改善、提升工作。

第四条　推进办对督导师的日常工作实施监督管理。

第二章　素质要求

第五条　有较强的责任心、工作热情和服务意识。

第六条　有较强的执行力及沟通协调能力。

第七条　有丰富的发电企业生产技术和管理经验。

第八条　掌握 7S 管理深化基础知识和目视化管理、看板管理知识。

第三章　主要职责

第九条　负责所辖责任区域推进过程及常态化管理的现场监督与指导工作。

第十条　按时参加推进办及相关管理部门组织的各种会议和相关活动。

第十一条　及时向推进办专责、部门领导反馈工作推进情况、区域改善情况，并对区域改善情况进行评价。

第十二条　评估深化工作管理过程中需要的资源，汇总制订物资需求计划和预算，上报计划并跟踪落实。

第十三条　负责协调解决区域改善出现的问题。

第十四条　负责收集、整理、上报区域的改善创意。

第十五条　对推进工作提出考核建议。

第四章　管理考核

第十六条　推进期间，督导师应每日至少一次深入现场进行工作督导。常态化管理阶段，每周 2 次或 3 次深入现场，进行工作督导。

第十七条　准时参加推进办及相关部门组织召开的各类会议，未按时参加罚款 20 元每次，无故不参加罚款 50 元～100 元每次。

第十八条　督导师应按要求落实所辖区域的督导工作，对落实及督导不利的督导师根据情况每次罚款 50 元。

第十九条　每年组织一次评比活动，对在工作中表现突出的督导师给予奖励。

第五章　附则

第二十条　尚未正式取得督导师资格，但经过学习、培训，具备督导师工作能力并已在公司实际工作中履行督导师职责的人员，符合本办法规定要求的，按照本办法执行。

第二十一条　本办法由推进办负责解释。

第二十二条　本办法自 20XX 年 XX 月 XX 日起施行。

7.1.5　长效管理制度

1. 部门自查

个人需每天开展 5 分钟 7S 自查工作；各部门需每周开展 1 小时 7S 内部自查工作，自查负责人为各部门主任；各部门必须对所辖区域开展全覆盖、零死区自查。

2. 公司检查

（1）公司检查区域划分：生产区域以 7S 划分区域为检查单位，办公区域以部门为检查单位。

（2）检查频度及检查人员：每季度进行一次检查评比，检查人员由 7S 推进办组织确定，主要由各部门领导，对查核区域的检查按交叉互查的原则进行。

（3）检查标准：详见 7.2 节　7S 管理评分标准。

（4）检查方法：检查前召开碰头会，就本次检查内容及要点进行界定，统一检查尺度。

（5）分数统计：查评方式为百分制，按发现一项问题扣 1 分，为确保公平性，自查时应记录问题和拍摄，现场检查成绩占总成绩的 50%、问题整改占总成绩的 25%，日常保持占 25%，项目及标准参照表 7–1。

表 7-1　整改项目评分表

项目		标准	满分
各部门问题整改（25 分）		一项未整改或整改不到位扣 1 分	25 分
日常保持情况（25 分）		现场抽查，保持不到位的情况每处扣 1 分	25 分
公司现场检查（50 分）	检查分数 ×0.5	生产区域、办公区域的查评细则	50 分
总分	100 分		

80 分为达标分数，未达标的部门责令限期整改实现达标，并列入绩效考核，7S 推进办将检查结果和排名情况在司务会上进行公布。

3. 考核办法

（1）对 7S 工作责任心不强、应付了事、推诿扯皮的责任部门，考核责任部门负责人 ××× 元，考核责任班组负责人 ××× 元，并在月度司务会上进行通报。

（2）对现场检查评分低于 80 分的责任区域，考核责任区域负责人 ××× 元，连带考核责任部门负责人 ××× 元。

（3）未能按期、按要求完成整改的，每项考核责任人 ××× 元，并连带考核责任部门负责人 ××× 元、部门副职及责任班组长每人 ××× 元；对整改工作责任心不强、应付了事，导致整改工作完成后派生新问题的，考核该项目整改责任人 ××× 元，并在月度司务会上进行通报。

（4）每半年评比一次，总分第一名（设 1 名）奖励 ××× 元，第二名（设 1 名）奖励 ××× 元，第三名（设 2 名）奖励 ××× 元，最后一名且得分率低于 80% 分的，考核责任部门 ××× 元。

（5）按规定及时兑现考核情况，并在公司公告中予以公布。

7.2 7S 管理评分标准

7.2.1 办公区域 7S 管理评分标准

办公区域 7S 管理评分标准见表 7–2。

表 7–2 办公区域 7S 管理评分标准

项目	序号	标准内容	分值	备注
1. 地面	1.1	办公区域通道明确并畅通	1	
	1.2	地上无垃圾、无杂物，保持清洁	1	
	1.3	暂放物有“暂放标识牌”	1	
	1.4	可移动物品可采用隐形等方法定位或存放于定位区域内	1	
	1.5	地面无积水	1	
	1.6	垃圾桶定位摆放，标识明确	1	
	1.7	垃圾桶本身保持干净，垃圾不超出容器口	1	
2. 盆栽（包括台上摆设的）	2.1	盆栽需适当定位，摆放整齐	1	
	2.2	盆栽定期浇水，泥土没有干裂	1	
	2.3	盆栽周围干净、美观	1	
	2.4	盆栽叶子保持干净，无枯死	1	
	2.5	盆栽容器本身干净	1	
3. 办公桌、椅	3.1	办公桌定位摆放，隔断整齐	1	
	3.2	抽屉应分类标识，标识与物品相符	1	
	3.3	台面保持干净，无灰尘杂物，无规定以外的物品	1	
	3.4	台面物品按定位摆放（除正在使用外），不拥挤凌乱	1	
	3.5	人员下班或离开工作岗位 10min 以上办公椅归位，台面物品下班后全部归位	1	

续表

项目	序号	标准内容	分值	备注
3. 办公桌、椅	3.6	办公抽屉不杂乱，公私物品分类定置	1	
	3.7	与正进行的工作无关的物品应及时归位	1	
	3.8	桌面上不存放与近期工作无关的文件和资料	1	
	3.9	人离开办公室时，应对保密资料确保人走桌清	1	
	3.10	玻璃下压物尽量减少，并放整齐，不压日历、电话表以外的资料	1	
4. 其他办公设施	4.1	热水器、空调、计算机、复印机、传真机、碎纸机等保持正常状态，有异常时必须作明显标识	1	
	4.2	保持干净	1	
	4.3	明确责任人	1	
	4.4	办公设施的导线整齐走排、集束固定	1	
	4.5	线路上不得放置及悬挂杂物	1	
	4.6	电源开关、插座、控制面板标识清晰，控制对象明确	1	
	4.7	应保证处于正常使用状态，非正常状态应有明显标识	1	
	4.8	不得随意走线，尽量集束整理；线路上不得有积尘或污迹，并粘贴标识	1	
5. 门、窗	5.1	门扇、玻璃保持干净、明亮	1	
	5.2	窗台上无杂物摆放	1	
	5.3	门窗、窗帘保持干净无破损	1	
	5.4	门窗玻璃无乱张贴现象	1	
	5.5	门牌号码或部门标牌齐全、统一、无破损	1	

续表

项目	序号	标准内容	分值	备注
6. 墙、天花板	6.1	保持干净，无脏污、乱涂写	1	
	6.2	没有无关悬挂物	1	
	6.3	照明设施完好，亮度适当	1	
	6.4	电器开关处于安全状态，标识明确	1	
	6.5	墙身贴挂物应保持整齐，通知等定位在看板公告栏内	1	
	6.6	没有蜘蛛网	1	
	6.7	破损处及时修复	1	
7. 过道	7.1	满足正常照明度，照明设施保持正常	1	
	7.2	保持通风，无异味	1	
	7.3	无乱张贴和存放物品	1	
	7.4	部门门牌标识统一，正确，保持完好	1	
	7.5	消防设备按规定位置定位，明确责任人，定期点检	1	
	7.6	电气箱保持完好，明确管理责任人	1	
8. 公告栏、看板	8.1	做好版面设置，标题明确，有责任人	1	
	8.2	内容充实，及时更新	1	
	8.3	笔刷齐备，处于可使用状态	1	
	8.4	无过期张贴物	1	
9. 文件资料、文件盒	9.1	定位分类放置	1	
	9.2	按规定标识清楚，明确责任人	1	
	9.3	夹（盒）内文件定期清理、归档	1	
	9.4	文件夹（盒）保持干净	1	
	9.5	文件资料明确保管期（无期限要求的文件例外）	1	
	9.6	无过期、无效文件存放	1	
	9.7	文件归入相应文件夹（盒），与标识相符	1	

续表

项目	序号	标准内容	分值	备注
10. 文件柜（橱）	10.1	文件柜分类标识清楚，明确责任人	1	
	10.2	文件柜保持干净，柜顶无积尘、杂物	1	
	10.3	文件柜里文件夹放置整齐，并用编号、形迹等方法定位	1	
	10.4	文件柜内物品、资料应分区定位，标识清楚	1	
	10.5	柜内物品与标识相符	1	
11. 私物和着装	11.1	按着装规定穿戴服装	1	
	11.2	工作服、帽干净，无破损	1	
	11.3	服装没有披于椅上	1	
	11.4	私人物品一律摆放于私人物品区，并放置整齐	1	
12. 行为规范	12.1	没有呆坐，打瞌睡	1	
	12.2	没有聚集闲谈或大声喧哗	1	
	12.3	没有吃零食	1	
	12.4	不做与工作无关的事项（看报纸杂志、小说等）	1	
	12.5	没有擅自串岗、离岗	1	
	12.6	节约用水用电	1	
	12.7	上班、开会没有无故迟到、早退现象	1	
	12.8	开会时不交头接耳、到会场外打手机	1	
	12.9	只在指定场所吸烟	1	
	12.10	遵守职业规范及礼仪手册	1	
13. 规章制度	13.1	工作区域的 7S 责任人划分清楚，无不明责任的区域	1	
	13.2	7S 区域清扫责任表和点检表要按时、准确填写，不超前、不落后，保证与实际情况相符	1	

续表

项目	序号	标准内容	分值	备注
13. 规章制度	13.3	单位建立经常性的晨会制度，车间、部门级每周至少一次，要有记录	1	
	13.4	按《员工手册》教育职工，要求员工待人有礼有节，不说脏话，做文明礼貌人	1	
14. 休息室、休息区、会客室、会议室	14.1	各种用品保持清洁干净，适当定位标识	1	
	14.2	各种用品及时归位，凳子及时归位	1	
	14.3	饮用品应保证安全卫生	1	
	14.4	烟灰缸及时倾倒，烟头不乱扔	1	
	14.5	地面保持干净	1	
15. 清洁用具用品	15.1	清洁用具用品定位摆放，标识明确	1	
	15.2	本身干净，容器内垃圾及时倾倒	1	
16. 加减分	16.1	同一问题多次出现，重复扣分	1	
	16.2	发现未实施整理整顿清扫的“7S 未实施整理整顿的死角”，每 1 处扣 1 分	10	
	16.3	推行办日常开具的整改项目完成率要达到 85% 以上；完成率未达到 95%，扣 2 分	2	
	16.4	有突出成绩的事项（如创意奖项），视情况加 1 分 ~5 分	5	
总分				

7.2.2 作业区域 7S 管理评分标准

作业区域 7S 管理评分标准见表 7–3。

表 7–3 作业区域 7S 管理评分标准

项目		序号	标准内容	分值	备注
1. 场所	1.1 地面	1.1.1	地面物品摆放有定位、标识、合理的容器	1	
		1.1.2	地面应无污染（积水、油污、油漆等），工艺有要求除外	1	
		1.1.3	地面应无不要物、杂物和卫生死角	1	
		1.1.4	地面区域划分合理，区域线、标识清晰无剥落	1	
		1.1.5	应保证物品存放于定位区域内，无压线	1	
		1.1.6	安全警示区划分清晰，有明显警示标识，悬挂符合规定	1	
		1.1.7	地面的安全隐患处（凸出物、地坑等）应有防范或警示措施	1	
	1.2 通道	1.2.1	通道划分明确，保持通畅，无障碍物，不占道作业	1	
		1.2.2	两侧物品不超过通道线	1	
		1.2.3	占用通道的工具、物品应及时清理或移走，临时占道需有标识	1	
		1.2.4	通道线及标识保持清晰、完整	1	
	1.3 暂放物	1.3.1	不在暂放区的暂放物需有暂放标识	1	
		1.3.2	暂放区的暂放物应摆放整齐、干净	1	
	1.4 墙身	1.4.1	墙身、护墙板及时修复，无破损	1	
		1.4.2	保持干净，没有剥落及不要物，无蜘蛛网、积尘	1	

续表

项目		序号	标准内容	分值	备注
1. 场所	1.4 墙身	1.4.3	贴挂墙身的各种物品应整齐合理，表单通知归入公告栏	1	
		1.4.4	墙身保持干净，无不要物（如过期标语、封条等）	1	
2. 设备工具	2.1 设备、仪器	2.1.1	开关、控制面板标识清晰，控制对象明确	1	
		2.1.2	设备仪器保持干净，定位摆放整齐，无多余物	1	
		2.1.3	设备仪器明确责任人员，坚持日常点检，有必要的记录，确保记录清晰、正确	1	
		2.1.4	应保证处于正常使用状态，非正常状态应有明显标识	1	
		2.1.5	不得随意走线，线路尽量集束整理；不得有积尘或污迹，并粘贴标识	1	
		2.1.6	电源开关、控制面板标识清晰，控制对象明确	1	
		2.1.7	仪表盘干净、清晰，有必要的正常范围标识	1	
		2.1.8	设备阀门、介质流向标识明确	1	
		2.1.9	危险部位有警示和防护措施	1	
		2.1.10	可移动设备应画线定位	1	
		2.1.11	仪表表盘干净、清晰，有必要的正常范围标识	1	
	2.2 管线	2.2.1	各种管线（电线管、气管、水管等）固定得当	1	
		2.2.2	管线整齐，有分类标识，不随意散落地面；上无悬挂物	1	
		2.2.3	管线布局合理，保持清洁，无灰尘、污垢	1	

续表

项目		序号	标准内容	分值	备注
2. 设备工具	2.2 管线	2.2.4	废弃管线及时清除	1	
	2.3 液压车、运送小车	2.3.1	危险容器搬运应有安全措施	1	
		2.3.2	定位停放，停放区域划分明确，标识清楚	1	
		2.3.3	盘头摆放整齐	0.5/盘	
		2.3.4	应有部门标识和编号	1	
		2.3.5	应保持干净及安全使用性	1	
		2.3.6	液压车应有责任人及日常点检记录	1	
	2.4 工具箱、柜	2.4.1	柜面标识明确，与柜内分类对应	1	
		2.4.2	柜内工具分类摆放，明确品名、规格、数量	1	
		2.4.3	有合理的容器和摆放方式	1	
		2.4.4	各类工具应保持完好、清洁，保证使用性	1	
		2.4.5	各类工具使用后及时归位	1	
		2.4.6	柜顶无杂物，柜身保持清洁	1	
3. 物料、容器	3.1 材料、物料	3.1.1	各种原材料、半成品、成品应整齐码放于定位区内	1	
		3.1.2	不合格品应分类码放于不合格品区，并有明显的标识	1	
		3.1.3	物料、半成品及产品上无积尘、杂物、脏污	1	
		3.1.4	生产现场无长期不用的物料，特殊情况如需存放要有明确标识、明确责任人，并定期清扫	1	
		3.1.5	维修时零部件无散落地面，有托盘（垫）存放	1	
	3.2 呆料	3.2.1	有明确的摆放区域，并予以分隔	1	

续表

项目		序号	标准内容	分值	备注
3. 物料、容器	3.2 呆料	3.2.2	应有明显标识	1	
		3.2.3	做好防尘及清扫工作，保证干净及原状态	1	
		3.2.4	呆料、呆设备应定时上报	1	
	3.3 容器、货架	3.3.1	容器、货架等应保持干净，物品分类、定位摆放整齐	1	
		3.3.2	存放标识清楚，标志向外	1	
		3.3.3	容器、货架本身标识明确，无过期及残余标识	1	
		3.3.4	容器、货架无破损及严重变形	1	
		3.3.5	放置区域合理划分，使用容器合理，标识明确	1	
	3.4 包装箱	3.4.1	设“暂放区”，暂放各类包装箱和物料	1	
		3.4.2	在指定区域内整齐摆放，无积灰且粘贴标识	1	
		3.4.3	暂存包装箱和物料归还原位	1	
	3.5 油类、油桶	3.5.1	定位合理，不堆放，标识明确，及时归位	1	
		3.5.2	有明确的摆放区域，分类定位，标识明确	1	
		3.5.3	按要求摆放整齐，加油器具定位放置，标识明确，防止混用	1	
		3.5.4	油桶、油类的存放区应有隔离防污措施	1	
	3.6 危险品	3.6.1	有明确的摆放区域，分类定位，标识明确	1	
		3.6.2	隔离摆放，远离火源，并有专人管理	1	
		3.6.3	有明显的警示标识	1	
		3.6.4	非使用时应存放于指定区域内	1	
4. 用具	4.1 工作 / 试验桌面	4.1.1	现场桌面无杂物、报纸杂志	1	

续表

项目		序号	标准内容	分值	备注
4. 用具	4.1 工作 / 试验桌面	4.1.2	物品摆放有明确位置，不拥挤、凌乱	1	
		4.1.3	桌面干净、无明显破损	1	
		4.1.4	玻璃下压物尽量减少并放整齐，不压日历、电话表、相关专业参数以外的资料	1	
		4.1.5	桌面试验用品的摆放保持在当日所需最低限量内	1	
		4.1.6	不得存放个人用品	1	
		4.1.7	试验用品要分类分区摆放，固定有序，取用便捷	1	
		4.1.8	不存放涉密载体和过期失效文件	1	
		4.1.9	在试验桌指定部位粘贴分类、定位标识	1	
	4.2 椅、梯	4.2.1	保持正常状态并整洁干净	1	
		4.2.2	非工作状态时按规定位置摆放（归位）	1	
	4.3 清洁用具、清洁车	4.3.1	清洁用具本身干净、整洁	1	
		4.3.2	清洁用具用品定位摆放，标识明确	1	
		4.3.3	垃圾不超出容器口	1	
		4.3.4	垃圾桶按规定场所放置，实施垃圾分类管理，标识明确	1	
		4.3.5	抹布等应定位，不可直接挂在管线、设备上	1	
5. 电器、消防设施	5.1 电器、电灯	5.1.1	开关须有控制对象标识，无安全隐患	1	
		5.1.2	保持干净	1	
		5.1.3	电线布局合理、整齐，无安全隐患（如裸线、上挂物等）	1	
		5.1.4	照明设施保持正常、完好	1	
		5.1.5	电器及开关须有标识，无安全隐患	1	

续表

项目		序号	标准内容	分值	备注
5. 电器、消防设施	5.1 电器、电灯	5.1.6	电器及开关保持干净	1	
		5.1.7	电器检修时需有警示标识	1	
	5.2 消防器材	5.2.1	摆放位置明显，标识清楚	1	
		5.2.2	位置设置合理，有红色警示线，线内无障碍物	1	
		5.2.3	状态完好，按要求摆放，干净、整齐	1	
		5.2.4	有责任人及定期点检	1	
	5.3 辅助设施	5.3.1	风扇、照明灯、空调等按要求放置，清洁无杂物，无安全隐患	1	
		5.3.2	日用电器无人时应关掉，无浪费现象	1	
		5.3.3	门窗及玻璃等各种公共设施干净、无杂物	1	
		5.3.4	废弃设备及电器应标识状态，及时清理	1	
		5.3.5	保持设施完好、干净	1	
		5.3.6	管线上不得放杂物	1	
6. 资料、看板	6.1 门牌、文件、记录	6.1.1	主要区域、房间应有标识门牌	1	
		6.1.2	生产现场应无隔断遮挡、自建房中房等	1	
		6.1.3	现场使用文件和记录应有固定的摆放位置，标识明确	1	
		6.1.4	作业指导书、记录、标识牌等挂放或摆放整齐、牢固、干净	1	
		6.1.5	现场使用的文件和记录无过期现象	1	
	6.2 看板	6.2.1	标牌、资料记录正确	1	
		6.2.2	单位主要班组应有看板（如“班组园地”“管理看板”等）	1	
		6.2.3	干净并定期更换，无过期公告，明确责任人	1	

续表

项目		序号	标准内容	分值	备注
6. 资料、看板	6.2 看板	6.2.4	版面设置美观、大方，标题明确，内容充实	1	
7. 库房及储物间		7.1	合格品与不合格品或已核销物资与正常库存物资严格隔离	1	
		7.2	标识明确，标识无缺项、漏贴、残破、与实际物品不符、未贴挂在指定位置等现象	1	
		7.3	物品摆放整齐	1	
		7.4	账、卡、物、证相符（不含储物间）	1	
		7.5	物料柜（架）和物品摆区域合理划分	1	
		7.6	通道线划分明确、完整	1	
		7.7	物料柜（架）和物品存放于定位区域内	1	
		7.8	合理、准确地确定物料具体位置	1	
		7.9	库区、库房内的物资摆放符合相关规定，没有倒置等问题	1	
		7.10	不摆放植物花卉和个人物品	1	
8. 规范	8.1 着装	8.1.1	劳保用品明确定位，整齐摆放，分类标识	1	
		8.1.2	按规定要求穿戴工作服，佩戴胸卡，着装整齐、整洁	1	
		8.1.3	按规定穿戴好面罩、安全帽等防护用品	1	
	8.2 私人物品	8.2.1	定位标识，整齐摆放，公私物品分开	1	
		8.2.2	水壶、水杯按要求摆放整齐，保持干净	1	
		8.2.3	鞋按要求摆放整齐，保持干净	1	
		8.2.4	私人物品应集中存放于物品柜内，不杂乱	1	
	8.3 行为规范	8.3.1	工作场所不晾衣物	1	

续表

项目		序号	标准内容	分值	备注
8. 规范	8.3 行为规范	8.3.2	工作时间不得睡觉、打瞌睡	1	
		8.3.3	无聚集闲谈、吃零食和大声喧哗	1	
		8.3.4	不看与工作无关的书籍、报纸、杂志	1	
		8.3.5	不吸游烟，不乱丢烟头（工作区、厂区）	1	
		8.3.6	无串岗、离岗	1	
	8.4 规章制度	8.4.1	工作区域的 7S 责任人划分清楚，无不明责任的区域	1	
		8.4.2	7S 区域清扫责任表和点检表要按时、准确填写，不超前、不落后，保证与实际情况相符	1	
		8.4.3	单位建立经常性的晨会制度，班组每天一次，车间级每周至少一次，要有记录	1	
		8.4.4	按《员工手册》教育职工，要求员工待人有礼有节，不说脏话，做文明礼貌人	1	
9. 加减分		9.1	同一问题多次出现，重复扣分	1	
		9.2	发现未实施整理整顿清扫的“7S 实施整理整顿的死角处”，每 1 处扣 1 分	10	
		9.3	推行办日常开具的整改项目完成率要达到 85% 以上；完成率未达到 95%，扣 2 分	2	
		9.4	有创意的好方法（内容包括节能降耗、品质、成本、效率方面的改善），视情况加 1 分 ~ 5 分	5	
总分					

参考文献

［1］聂云楚．如何推进 5S [M]. 深圳：海天出版社，2002.

［2］中华人民共和国国家能源局．DL/T 1123—2019　火力发电企业生产安全设施配置 [S]. 北京：中国电力出版社，2009.